国学经典有话对你说系列

增广贤文
古训谚语精华书

姜越 编著

中国书籍出版社

图书在版编目(CIP)数据

增广贤文：古训谚语精华书/姜越编著.
--北京：中国书籍出版社，2019.7
ISBN 978-7-5068-7390-1

Ⅰ.①增… Ⅱ.①姜… Ⅲ.①古汉语—启蒙读物
Ⅳ.①H194.1

中国版本图书馆CIP数据核字（2019）第156583号

增广贤文：古训谚语精华书

姜越　编著

责任编辑	卢安然
责任印制	孙马飞　马　芝
封面设计	侯　泰
出版发行	中国书籍出版社
地　　址	北京市丰台区三路居路97号（邮编：100073）
电　　话	（010）52257143（总编室）　（010）52257140（发行部）
电子邮箱	eo@chinabp.com.cn
经　　销	全国新华书店
印　　刷	北京市通州大中印刷厂
开　　本	710毫米×1000毫米　1/16
印　　张	17.25
字　　数	303千字
版　　次	2019年7月第1版　2019年7月第1次印刷
书　　号	ISBN 978-7-5068-7390-1
定　　价	49.80元

版权所有　翻印必究

前　言

　　善，是人的本性；恶，是善的孪生兄弟。随着善的诞生，恶也就随之而来。因此，人如不能向善，那么恶就要侵入人的肌体，滋生于人的灵魂之中。善与恶的斗争，从人类诞生以来就从未间断过。弃恶扬善，一直是社会大力倡导的主流价值观。

　　为官做事，必先做人。做人不行，诸事不成；做人成功，百事皆通。一部《增广贤文》，通篇讲的就是做人的道理。读了《增广贤文》，犹如与古代圣贤在进行心灵的交流，犹如接受了心灵的洗礼。就像穿越了一座美丽的峡谷，当你来到谷口的时候，你见到的是一片明亮的天空，你的心胸会豁然开朗。掌握成功做人的诀窍，通晓成功做人的道理，才能成为一名成功人士。

　　《增广贤文》的体裁很独特。《增广贤文》不像古诗，有固定的格律，但却两两对仗；《增广贤文》不像古词，有固定的词牌，但书中又不乏像词一样的句子。它不像散文，有生动的描述；也不像戏曲，有铿锵吟唱；更不像小说，有故事情节。它以三言、四言、五言、六言、七言，甚至八言、九言，最长的达十二言的有韵的谚语和文献佳句组合而成。韵律以"平上去入四韵"相配，语句上三言、四言、五言、六言、七言等杂言参差错落，句式灵活、转承自如，读起来朗朗上口。文字浅显通俗，一读就懂，一经成诵，终生难忘。

　　《增广贤文》经明清文人增补修改后，一度风行全国，几至家喻户晓。《增广贤文》因其内容的广泛、"诲蒙"的特点和独到精深的思想光辉，深受国人喜爱。首先，它与《三字经》《百家姓》《千字文》《弟子规》一样，作为蒙学读物，在私塾、学堂中广为流传，被奉为教材。它们在少年儿童中产生了巨大影响，让一些人一辈子奉为圭臬。其次，它作为一部集思广益的国学经典，让所有读过它的人获益匪浅，受用终身。因此，它不仅在青少年中广为流传，而且在普通成年人中也广泛流传，成为人们修身立命的一种法则。因为《增广贤文》不但小孩读了受益，中年人读了受益，甚至老年人读一读，仍能从中受益。《三字经》《弟子规》等书，在少儿读过之后，到了中、青、老年，恐怕很少有人再去读了。而《增广贤文》在人生的各个阶段，都有人愿意去读，因为它的处世智慧和思想结晶可以让人在各个不同的年龄段得到启迪。《增广贤文》最后四句对此作了总结："奉劝君子，各宜守己，只此呈示，万无一失。"《增广贤文》把人生法则全部呈现给了世人，只要人们能够吸取其中精华，安分守己，为我所用，必将万无一失，一帆风顺。

　　《增广贤文》就是这样一部能教会你做人的国学入门之书，它有许多令人深思的奇巧之处。《增广贤文》中劝人向善的内容占了很大篇幅，它告诫人们要尚善、行善、扬善，始终怀抱善心、善意，善待所有的人。需要指出的是，《增广贤文》中也有极个别狭隘庸俗的人生态度应予明辨，用批判地眼光吸收其中营养。这样，这个世界就少了很多假、恶、丑，多了很多真、善、美，人们生活的这个世界才能真正称得上是一个美好的世界。

目 录

上篇 《增广贤文》智慧直播

第一章 观今鉴古，博学多才

"君子博学"是古人治学的追求。礼、乐、射、御、书、数，承载着文武的精华；经、史、子、集，渗透着文化的蕴味。若只攻其一面，便会有所欠缺，很难安稳立足。读书养气，一个人汲取了天地之精华，容纳了百家思想，他才能驰骋于生命的天空，领略别样的风光。

昔时贤文，诲汝谆谆	4
知己知彼，将心比心	5
酒逢知己饮，诗向会人吟	6
相逢好似初相识，到老终无怨恨心	7
近水知鱼性，近山识鸟音	8
易涨易退，易反易覆	9
逢人且说三分话，未可全抛一片心	10
读书须用意，一字值千金	11
许人一物，千金不移	12
流水有意，白云无心	13

第二章　明辨是非，养心怡情

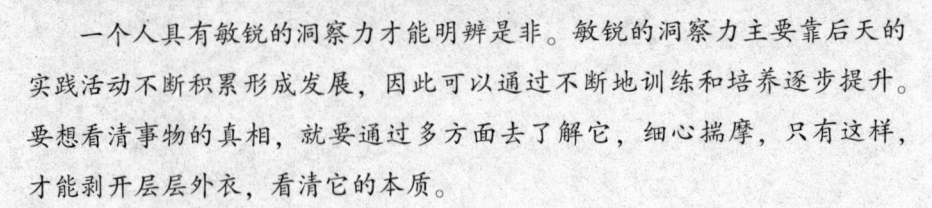

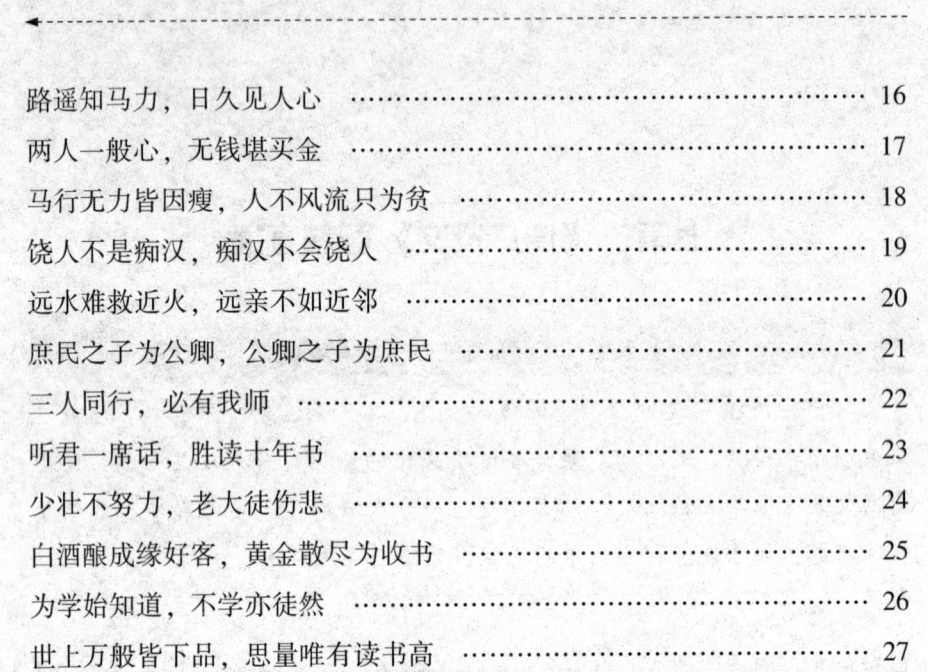

　　一个人具有敏锐的洞察力才能明辨是非。敏锐的洞察力主要靠后天的实践活动不断积累形成发展，因此可以通过不断地训练和培养逐步提升。要想看清事物的真相，就要通过多方面去了解它，细心揣摩，只有这样，才能剥开层层外衣，看清它的本质。

路遥知马力，日久见人心 …………………………………………… 16
两人一般心，无钱堪买金 …………………………………………… 17
马行无力皆因瘦，人不风流只为贫 ………………………………… 18
饶人不是痴汉，痴汉不会饶人 ……………………………………… 19
远水难救近火，远亲不如近邻 ……………………………………… 20
庶民之子为公卿，公卿之子为庶民 ………………………………… 21
三人同行，必有我师 ………………………………………………… 22
听君一席话，胜读十年书 …………………………………………… 23
少壮不努力，老大徒伤悲 …………………………………………… 24
白酒酿成缘好客，黄金散尽为收书 ………………………………… 25
为学始知道，不学亦徒然 …………………………………………… 26
世上万般皆下品，思量唯有读书高 ………………………………… 27

第三章　成事在人，志在千里

　　志向就是一个人在某一方面决心有所作为的努力方向。没有志向的人就没有前行的动力，更不会有事业的成功。持有不同世界观和人生观的人，志向是不一样的。个人来说，志向主要通过选择职业来体现，个人应选择社会需要的、最能发挥个人特长的职业作为志向，并为实现志向而努力奋斗。

一年之计在于春，一日之计在于晨 ………………………………… 30

人老心不老，人穷志不穷 ······ 31
笋因落箨方成竹，鱼为奔波始化龙 ······ 32
凡事要好，须问三老 ······ 33
学者如禾如稻，不学者如蒿如草 ······ 34
口说不如身逢，耳闻不如目见 ······ 35
见者易，学者难 ······ 36
一日为师，终身如父 ······ 37
不因渔父引，怎得见波涛 ······ 38
他人观花，不涉你目 ······ 39
青出于蓝而胜于蓝，冰生于水而寒于水 ······ 40
士者国之宝，儒为席上珍 ······ 41

第四章 但行好事，莫问前程

每一个人都想得福报，儿女有前途，父母能长寿。天天祈祷，生怕凶事横祸降临自己的身上和家中。其实，一个人要想得到福报，无灾无难，就得做行善积德的好事，不做损人利己的坏事。然而，大多数人并不知行善积德的真正意义。

千经万典，孝义为先 ······ 44
羊有跪乳之恩，鸦有反哺之义 ······ 45
一言既出，驷马难追 ······ 46
宁可人负我，切莫我负人 ······ 47
救人一命，胜造七级浮屠 ······ 48
根深不怕风摇动，树正无愁月影斜 ······ 49
人间私语，天闻若雷 ······ 50
但行好事，莫问前程 ······ 51
欺人是祸，饶人是福 ······ 52
君子爱财，取之有道 ······ 53

若争小可，便失大道 …………………………………… 54

第五章　知足常足，为善最乐

世界上没有绝对的知足与不知足，两者往往是相互交织、相互作用、相辅相成的，无论是知足还是不知足，都是一种人生的心态。知足能使人安详、平静、达观、洒脱、超然；不知足能使人渴望、拼搏、奋进、登攀。

从俭入奢易，从奢入俭难 ………………………………… 56
知足常足，终身不辱 ……………………………………… 57
磨刀恨不利，刀利伤人指 ………………………………… 58
点石化为金，人心犹未足 ………………………………… 59
贪他一斗米，失却半年粮 ………………………………… 60
贼是小人，智过君子 ……………………………………… 61
为善最乐，为恶难逃 ……………………………………… 62
善有善报，恶有恶报 ……………………………………… 63
善化不足，恶化有余 ……………………………………… 64
天网恢恢，疏而不漏 ……………………………………… 65
但将冷眼观螃蟹，看它横行到几时 ……………………… 66
人不劝不善，钟不打不鸣 ………………………………… 67

第六章　居安思危，谨小慎微

做事应该未雨绸缪，居安思危，这样在危险突然降临时，才不至于手忙脚乱。古人说"书到用时方恨少"，平常若不充实学问，临时抱佛脚是来不及的。有人总是抱怨没有机会，然而当机会来临时，他却因自己平时没有积蓄足够的学识与能力，失去机会。

良药苦口利于病，忠言逆耳利于行 …………………… 70

螳螂捕蝉，岂知黄雀在后 …………………………… 71

路不行不到，事不为不成 …………………………… 72

黄河尚有澄清日，岂可人无得运时 ………………… 73

再三须慎意，第一莫欺心 …………………………… 74

人无远虑，必有近忧 ………………………………… 75

养儿待老，积谷防饥 ………………………………… 76

人生不满百，常怀千岁忧 …………………………… 77

养兵千日，用兵一时 ………………………………… 78

力微休负重，言轻莫劝人 …………………………… 79

处处绿杨堪系马，家家有路通长安 ………………… 80

近水楼台先得月，向阳花木早逢春 ………………… 81

天时不如地利，地利不如人和 ……………………… 82

成事莫说，覆水难收 ………………………………… 83

得宠思辱，居安思危 ………………………………… 84

城门失火，殃及池鱼 ………………………………… 85

一人道虚，千人传实 ………………………………… 86

差之毫厘，失之千里 ………………………………… 87

今朝有酒今朝醉，明日愁来明日忧 ………………… 88

人生知足何时足，人老偷闲且是闲 ………………… 89

若登高必自卑，若涉远必自迩 ……………………… 90

河狭水急，人急计生 ………………………………… 91

莫将容易得，便作等闲看 …………………………… 92

蒿草之下还有兰香，茅茨之屋或有侯王 …………… 93

第七章 为人处世，谦逊礼让

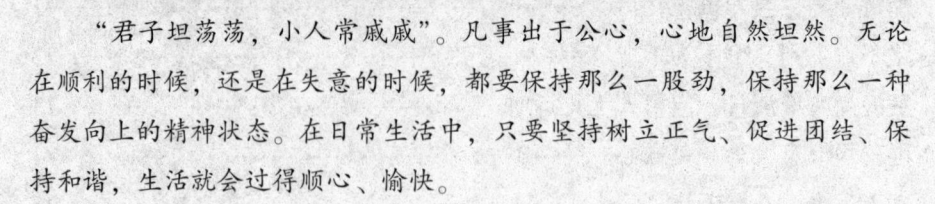

"君子坦荡荡，小人常戚戚"。凡事出于公心，心地自然坦然。无论在顺利的时候，还是在失意的时候，都要保持那么一股劲，保持那么一种奋发向上的精神状态。在日常生活中，只要坚持树立正气、促进团结、保持和谐，生活就会过得顺心、愉快。

知音说与知音听，不是知音莫与谈 ································ 96
凡人不可貌相，海水不可斗量 ·· 97
莫信直中直，须防仁不仁 ·· 98
将相胸前堪走马，公侯肚里好撑船 ···································· 99
人情似水分高下，世事如云任卷舒 ································· 100
忍一句，息一怒 ··· 101
杀人一万，自损三千 ··· 102
龙游浅水遭虾戏，虎落平阳被犬欺 ································· 103
水至清则无鱼，人至察则无徒 ··· 104
千里送毫毛，礼轻情意重 ··· 105
求人须求大丈夫，济人须济急时无 ································· 106
使口不如自走，求人不如求己 ··· 107
平生只会说人短，何不回头把己量 ································· 108
是非终日有，不听自然无 ··· 109
结交须胜己，似我不如无 ··· 110
君子之交淡如水，小人之交酒肉亲 ································· 111
人各有心，心各有见 ··· 112
小时是兄弟，长大各乡里 ··· 113
父子和而家不败，兄弟和而家不分 ································· 114
天下无不是的父母，世上最难得者兄弟 ························ 115

下篇　《增广贤文》深度报道

第一章　用知识改变自己

求知可以增长见识，可以提高修养，甚至可以改变命运。用知识创造全新的自己，用知识创造美好的未来。有实践经验的人虽然能办理个别性的事务，但若要纵观整体、运筹全局，唯有掌握理论知识方能办到。

宋太宗开卷有益 …………………………………………… 120
凿壁偷光 …………………………………………………… 121
孔夫子不耻下问 …………………………………………… 122
读书要读出它的好处 ……………………………………… 123
闻鸡起舞 …………………………………………………… 124
爱书的鲁迅 ………………………………………………… 125
晋平公晚年学习当"蜡烛" ………………………………… 127
万斯同闭门苦读 …………………………………………… 128
林肯的台阶 ………………………………………………… 129
好问的伽利略 ……………………………………………… 130

第二章　做学问没有捷径

人们做学问，没有捷径可走，没有顺风船可驶，只有勤奋和刻苦才是唯一的路径。这正应了"书山有路勤为径，学海无涯苦作舟"。

三余读书 …………………………………………………… 134
居里夫人发现"镭" ………………………………………… 135
铁杵成针 …………………………………………………… 136
华佗学医 …………………………………………………… 137

苏东坡改诗 ………………………………………… 138
卖油翁 ……………………………………………… 139
问路 ………………………………………………… 141
生花妙笔 …………………………………………… 142
心正则笔正 ………………………………………… 144

第三章　开启智慧的大门

　　积极的人，像太阳，照到哪里哪里亮；消极的人，像月亮，初一十五不一样。想法决定我们的生活，有什么样的想法，就有什么样的未来。聪明能帮助自己，才智是指给自己带来好处的同时也帮助了别人，智慧就是两者皆顾还能给社会带来好处。

王勃一字值千金 …………………………………… 148
骡子和驴子 ………………………………………… 149
梁上君子 …………………………………………… 150
曹冲智救库吏 ……………………………………… 151
从苹果到万有引力定律 …………………………… 153
鲁班造锯 …………………………………………… 154
傻孩子发明蒸汽机 ………………………………… 155
围魏救赵 …………………………………………… 156
只卖一件 …………………………………………… 157
诸葛亮七擒孟获 …………………………………… 158
李白醉草吓蛮书 …………………………………… 160
张飞只身退曹兵 …………………………………… 161
周公隐居谋策略 …………………………………… 163
火烧博望坡 ………………………………………… 164
晏子使楚 …………………………………………… 166
庄子借粮 …………………………………………… 167

第四章　为人处世的哲学

生活有很多哲理，我们天天都要学习。热爱生活，用双眼去发现，用心灵去感受，一点一滴都可能蕴藏着哲理。为人处世的最佳境界是不卑不亢，太在乎别人的眼光和评价，只会让自己做事放不开手脚，犹豫不决，失去自我，失去个性。

任行好破砖窑躲死劫	170
吕端大事不糊涂	171
陶渊明不为五斗米折腰	172
"勤俭"横匾	174
智伯贪得而亡	175
贪心的农夫	176
楚庄王一鸣惊人	177
螳臂当车	178
终南捷径	180
司马懿假装糊涂	181
苏麟写诗自荐	183
王翦自损其名	184
勾践卧薪尝胆	186
吕不韦与人为善	187
郑板桥难得糊涂	190
河伯遇海神	191
将相和	192
丰子恺教子	194
两个神童	195
一箭之仇	196
荀巨伯危难中救友	197
一杯牛奶的报酬	198

沈从文知错就改	199
苏秦知世间冷暖	201
公艺百忍	202

第五章　点亮心中的道德

道德具有调节、认识、教育、导向等功能，与政治、法律、艺术等意识形式有密切的关系。中华传统文化中，形成了以仁义为基础的道德思想。道德是引导人们追求至善的良师。它教导人们认识自己，对家庭、对他人、对社会、对国家负有义不容辞的责任和义务，教导人们正确地认识社会道德生活的规律和原则，从而正确地选择自己的生活道路，规范自己的行为。

仁义胡同	206
钉子的故事	207
疾风知劲草	208
君子之交淡如水	209
水的智慧	210
华罗庚和陈景润的情谊	212
庾衮侍疫	213
两大文豪的传奇友谊	214
唐太宗仁爱治国	216
疏广散财播仁爱	217
诚信是做人的品德	218
秦始皇拜荆条	219
希克力种树救父	220
郯子扮鹿求鹿乳	221
卫鞅立木建信	223
一英镑的诚信	224

高山流水 ……………………………………………………… 225
管鲍之交 ……………………………………………………… 227

第六章　保持一颗宽容的心

宽容，是一种豁达，也是一种理解、一种尊重、一种激励，更是大智慧的象征，是强者显示自信的表现。宽容是一种坦荡，可以无私无畏，无拘无束，无尘无染。学会宽容，就要学会原谅他人的过失，给人以悔改的机会。

宰相肚里能撑船 …………………………………………… 230
班超不计前嫌 ……………………………………………… 231
让宽恕打开和解之门 ……………………………………… 232
宽恕你的敌人 ……………………………………………… 233
不斤斤计较 ………………………………………………… 234
让他三尺又何妨 …………………………………………… 235
亚历山大问路 ……………………………………………… 237
拥抱对手 …………………………………………………… 238
容人乃大 …………………………………………………… 239
尽量宽容和谅解别人 ……………………………………… 241
退一步海阔天空 …………………………………………… 242

第七章　踏踏实实做人

认认真真做事，踏踏实实做人，是处世之道，更是待人之德。为人处世不但要学会做事，更要懂得做人，只有两者进行有机结合，才能成就人生，在追寻梦想的道路上无往而不胜。

君子之争 …………………………………………………… 246

为你点亮一盏灯 …………………………………… 247
你是不是付出了爱 …………………………………… 249
诚实是最好的通行证 ………………………………… 250
言宜慢，心宜善 ……………………………………… 252
驴子过河 ……………………………………………… 253
贪得无厌的和珅 ……………………………………… 254
少年和白鹭的友谊 …………………………………… 255

参考文献 …………………………………………… 258

后　　记 …………………………………………… 259

上篇 《增广贤文》智慧直播

第一章
观今鉴古,博学多才

"君子博学"是古人治学的追求。礼、乐、射、御、书、数,承载着文武的精华;经、史、子、集,渗透着文化的蕴味。若只攻其一面,便会有所欠缺,很难安稳立足。读书养气,一个人汲取了天地之精华,容纳了百家思想,他才能驰骋于生命的天空,领略别样的风光。

昔时贤文，诲汝谆谆

◎ **我是主持人**

对于过去的名言，如果有好的作用，应该多了解一些，多记住一些。

◎ **原文**

昔时贤文，诲汝谆谆，集韵增广，多见多闻。观今宜鉴古，无古不成今。

◎ **注释**

昔：以前。诲：教导。谆谆：恳切教诲的样子。增广：增智慧，广见闻，这里指《增广贤文》这本书。

◎ **译文**

用古代圣贤的言语，耐心恳切地教导你。广泛收集各种押韵的文句，汇编成这本《增广贤文》，希望能使你多有见闻。应该借鉴古人的经验教训，来指导今天的行为，因为今天是古代的延续。

◎ **直播课堂**

读书能增长我们的知识，也能提升我们的修养。平时我们要多读书，读好书。因为每当我们打开一本书，总能从里面获得对我们有好处的东西。《增广贤文》以有韵的谚语和文献佳句选编而成，主要讲人生哲学，处世之道，相信它一定会成为各位读者的良师益友，有助于读者养成美好的品德，开创美好的生活。

知己知彼，将心比心

◎ **我是主持人**

知道自己，了解别人，设身处地为别人着想，体会别人的感受。

◎ **原文**

知己知彼，将心比心。责人之心责己，恕己之心恕人。

◎ **注释**

彼：别人。责：责备。恕：宽恕。

◎ **译文**

了解自己也了解别人，用自己的心去衡量别人的心，多为别人着想。用责备别人的心来责备自己，而用宽恕自己的心来宽恕别人。

◎ **直播课堂**

宽容不仅是一种美德，也是一种智慧。更多的时候，我们只懂得宽容自己，而不懂得宽容别人，然而当我们做错事时，我们又是那么渴望别人的宽容。既然这样，我们何不试着用宽容自己的心去宽容别人呢？

酒逢知己饮，诗向会人吟

◎ **我是主持人**

酒要与了解自己的人去喝，诗要向懂得的人去谈。认识的人很多，可彼此知心的没有几个。

◎ **原文**

酒逢知己饮，诗向会人吟。相识满天下，知心能几人？

◎ **注释**

会人：懂诗的人。相识：相识的人。

◎ **译文**

遇到知己才开怀畅饮，碰上懂诗的人才放声吟诵。相识的人到处都有，可真正知心的又有几个呢？

◎ **直播课堂**

真正的友谊是建立在对彼此相互了解和相互体谅之上的。我们不要抱怨说找不到真正的朋友，其实，有时候真正的朋友就在自己身边，只是我们没有敞开胸怀坦诚地和别人去交往。

相逢好似初相识，到老终无怨恨心

◎ **我是主持人**

人和人的交往不要太深，免得以后产生怨恨之心。

◎ **原文**

相逢好似初相识，到老终无怨恨心。

◎ **注释**

终：始终。

◎ **译文**

人与人相处，如果都能像当初刚认识那样，互相有礼有节，那么，即使相处到老，也始终不会有怨恨之心产生的。

◎ **直播课堂**

我们都渴望有一段真挚而长久的友谊，可是却很少有人能做到。在我们的生活中，我们和朋友之间总会有这样那样的矛盾，因为互不退让，互不理解，而导致友谊的最终破裂。如果我们都能够像最初刚认识朋友一样，对朋友多一些包容，多一些信任，那么我们的友谊才会更长久。

近水知鱼性，近山识鸟音

◎ **我是主持人**

离水近能知道鱼的情况，常在山中过，能分辨各种鸟的声音。

◎ **原文**

近水知鱼性，近山识鸟音。

◎ **注释**

性：习性。

◎ **译文**

生活在水边，时间久了就会了解鱼儿们的习性；生活在山林中，时间久了就能识别林中不同鸟儿的叫声。

◎ **直播课堂**

不管是对一个人，还是对一件事物，当我们长时间地与之打交道，我们就能发现其本质。鲁班能造出锯子并不是偶然的，这是他多年生产实践的结果，他的"灵感"也就来自"近水知鱼性，近山识鸟音"。

易涨易退，易反易覆

◎ **我是主持人**

　　山溪里的水随着季节常涨常退，不明事理的小人反复无常、变化不定。

◎ **原文**

　　易涨易退山溪水，易反易覆小人心。

◎ **注释**

　　反：反复。小人：没有德行的人。

◎ **译文**

　　山涧里的溪水容易涨也容易退，没有德行的小人心思反复无常、变化不定。

◎ **直播课堂**

　　这句话警醒我们在和别人交往时，不能过于轻信他人。我们自己不能做这样的人，同时也要远离这样的人，以免受到欺骗和伤害。

逢人且说三分话,未可全抛一片心

◎ **我是主持人**

对待人要尊重,也要有所警惕,不能将自己所有的想法都告诉别人。

◎ **原文**

逢人且说三分话,未可全抛一片心。有意栽花花不发,无心插柳柳成荫。

◎ **注释**

有意:有心。发:开花。荫:林木遮住日光所成的阴影。

◎ **译文**

与人说话只能说三分,不能把内心的想法全部吐露给别人。有心栽花,花不一定开放;无心插柳,柳树却可能长得很茂盛。

◎ **直播课堂**

为人谨慎、办事留有分寸,我们才能生活得从容。对于一些事情,我们有时不能强求,当我们刻意去追求什么时,效果往往并不好。

读书须用意，一字值千金

◎ 我是主持人
只有下苦功夫读书，才能写出文辞精妙、立意深远的文章。

◎ 原文
读书须用意，一字值千金。

◎ 注释
须：应当。用意：用心。

◎ 译文
读书一定要非常用心，因为书里的每一个字都价值连城。

◎ 直播课堂
"一字值千金"并不是说一个字真的值千两黄金，而是告诉我们读书是一件非常重要的事，因为我们可以从书本里学到很多宝贵的知识，当我们有一天需要用到这些知识时，就能明白它们的价值了。

许人一物，千金不移

◎ 我是主持人
钱财没有什么重要的，价值千金的是诚信和仁义。

◎ 原文
许人一物，千金不移。钱财如粪土，仁义值千金。

◎ 注释
许：允诺，答应。移：改变。

◎ 译文
答应送给别人的东西，就算有人出再高的价钱也不卖。对于一个有德行的人来说，钱财是身外之物，就像粪土一样一文不值，而仁义道德却比千两黄金更为珍贵。

◎ 直播课堂
无论在多么艰难的时刻，我们也不能失守诚信的道德底线，这种品德会让我们闪现出一种人性的光芒，让我们渡过难关。

流水有意，白云无心

◎ 我是主持人

水从山上流下不是有意的，白云从洞中穿过也是无心的，大自然是如此美好，令人神往。

◎ 原文

流水下滩非有意，白云出岫本无心。

◎ 译文

流水从滩头泻下来并非有意而为，白云从山峰间飘出来也是出于自然罢了。

◎ 直播课堂

江山易改，本性难移。性格决定命运我没有证实，但性格决定行为还是靠得住的。

第二章
明辨是非，养心怡情

一个人具有敏锐的洞察力才能明辨是非。敏锐的洞察力主要靠后天的实践活动不断积累形成发展，因此可以通过不断地训练和培养逐步提升。要想看清事物的真相，就要通过多方面去了解它，细心揣摩，只有这样，才能剥开层层外衣，看清它的本质。

路遥知马力，日久见人心

◎ **我是主持人**

人不可貌相，只有与之相处的时间长了，我们才会真正了解对方的为人。

◎ **原文**

路遥知马力，日久见人心。

◎ **注释**

遥：遥远。马力：马的力气。见：识别，发现。

◎ **译文**

路途遥远，才可以知道马的力气的大小；经历的事情多了，时间长了，才可以识别人心的善恶好歹。

◎ **直播课堂**

了解认识一个人不是一天两天的事，而是需要经常在一起共同经历很多的事情后才会有所结果。这一方面，启示我们在交友时要慎重；另一方面，也启示我们真正的朋友是在患难中结交的。

两人一般心，无钱堪买金

◎ **我是主持人**

　　两个人一条心，日子越过越好；反之则越过越穷，一事无成。

◎ **原文**

　　两人一般心，无钱堪买金。一人一般心，有钱难买针。

◎ **注释**

　　一般：一样，同样。堪：能，可以，足以。

◎ **译文**

　　两个人如果是一条心，就算没有钱也可以买到金子；两个人如果各怀己心，就算再有钱也买不了一根针。

◎ **直播课堂**

　　大至一个团队小至夫妻二人，只要团结合作，即便困难重重，也能通过奋斗获得成功。如果每个人都各自为政、各打自己的小算盘，那么即便是很简单的事情，也会因为不齐心无法很好地团结合作而功亏一篑。

马行无力皆因瘦，人不风流只为贫

◎ 我是主持人

马跑不起来没力气，是因为太瘦，人不能扬眉吐气是因为贫穷。

◎ 原文

马行无力皆因瘦，人不风流只为贫。

◎ 译文

马行走无力是由于它身体瘦弱，人不风流潇洒只是因为他的穷困所致。

◎ 直播课堂

事物是相对的，一匹瘦马肯定不如身体强壮的马驮的货物多，生活窘迫的人肯定不如衣食无忧的人出手大方。这是因为各自的情况不一样，所以当我们做事时一定要根据自己的实际情况量力而行，切不可做力所不及的事，追求不切实际的东西。

饶人不是痴汉，痴汉不会饶人

◎ **我是主持人**

宽以待人是通晓事理的人，而不通晓事理的愚笨人是不会宽以待人的。

◎ **原文**

饶人不是痴汉，痴汉不会饶人。

◎ **译文**

能宽恕他人的不是傻瓜，傻瓜则从来不会宽恕他人。

◎ **直播课堂**

与人相处要有大胸怀，得饶人处且饶人。饶人看似吃亏，是冒傻气儿，其实是聪明之举。因为不与人计较，宽容他人会为你赢得更多的友情和人气，你的路会越走越宽。

远水难救近火，远亲不如近邻

◎ 我是主持人

一个人的一生中能和自己成为同事、同学、邻里的人是一种缘分。珍惜缘分，善待对方，真诚交往，彼此便成了不是亲人胜似亲人的朋友。

◎ 原文

远水难救近火，远亲不如近邻。

◎ 注释

亲：亲戚的意思。

◎ 译文

远处的水救不了近在眼前的火灾，远方的亲戚还不如附近的邻居能及时帮上忙。

◎ 直播课堂

我们要珍惜身边的人，不管是亲人、邻人，还是朋友，在危急的时候，第一时间站出来的总会是他们。

庶民之子为公卿，公卿之子为庶民

◎ 我是主持人

　　青少年是国家的未来和民族的希望，是能实现中华民族伟大复兴的主力军。担当此重任必须在少年时代就要珍惜读书机会，勤奋学习，积累知识，积蓄力量。

◎ 原文

　　好学者则庶民之子为公卿，不好学者则公卿之子为庶民。

◎ 注释

　　庶民：百姓，平民。公卿：高官。

◎ 译文

　　勤奋学习的人，即使是平民百姓的孩子也可以成为高官；不勤奋学习的人，即使是高官的孩子也可能会沦为平民百姓。

◎ 直播课堂

　　不管我们的出生境况怎么样，只要我们肯努力，肯勤奋，肯钻研，相信一定会有所成就的。

三人同行，必有我师

◎ 我是主持人
不管是做学问还是做人，我们都要有勤学好问的好习惯。

◎ 原文
三人同行，必有我师。择其善者而从之，其不善者而改之。

◎ 注释
择：挑选。从：采纳。

◎ 译文
三个人在一起，其中肯定会有我的老师。看到其好的方面要向他学习，看到其不好的方面，要对照反省自己，有则改之，无则加勉。

◎ 直播课堂
每个人身上都会有值得他人学习的地方，只有虚心拜他人为老师，我们才能获得更多的知识和养分，变得更为优秀。

听君一席话，胜读十年书

◎ **我是主持人**

我们要多与对自己有帮助的人交流，并向他们学习，这对我们的成长是非常有益的。因为他们传递的正能量对我们的人生影响是巨大的。

◎ **原文**

听君一席话，胜读十年书。

◎ **注释**

君：你。胜：超过。

◎ **译文**

听你说的一番话，比读了十年的书更有用处。

◎ **直播课堂**

有时候别人的一番话可以对我们产生积极深远的影响，因此善于向他人请教，善于倾听他人教诲，都能使我们快速成长。

少壮不努力，老大徒伤悲

◎ **我是主持人**

不要荒废了光阴，不要等我们年老体衰的时候才知道后悔。

◎ **原文**

少壮不努力，老大徒伤悲。黑发不知勤学早，转眼便是白头翁。

◎ **注释**

少壮：年轻力壮的时候。老大：年老体衰的时候。徒：白白地。

◎ **译文**

年轻力壮的时候不好好努力学习上进，等到年老体衰的时候就只能暗自悲伤了。年轻的时候不知道要勤奋学习，一眨眼的工夫变成了白发老人，想再勤奋也来不及了。

◎ **直播课堂**

人的一生是非常短暂的，所以要珍惜少年时代的美好时光，发奋学习知识，树立远大的理想，让自己成为有益于社会的人，无愧于自己的人。

白酒酿成缘好客，黄金散尽为收书

◎ **我是主持人**

书是人类进步的阶梯，也是我们的知识宝库。

◎ **原文**

白酒酿成缘好客，黄金散尽为收书。积金千两，不如明解经书。

◎ **注释**

缘：为了。经书：儒学经典著作，泛指书籍。

◎ **译文**

酿成的白酒是为了好好招待客人，散掉钱财是为了买书收藏。积蓄千两黄金，不如教后代深刻理解经书中的道理。

◎ **直播课堂**

我们要从小养成爱书的习惯，买书不仅是为了收藏，更重要的是阅读，在阅读中静下心细细品味书中的道理，增长自己的才智。

为学始知道，不学亦徒然

◎ **我是主持人**

一个人的实力绝大部分来自学习，实力包括才智、本领和技能，学习可以增智、可以解惑、可以辨别是非，所以，学习是每个人相伴一生的工作。

◎ **原文**

为学始知道，不学亦徒然。击石原有火，不击乃无烟。

◎ **注释**

徒然：白白地，不起作用。乃：就。

◎ **译文**

只有努力去学习了才能明白事理，不学习就不会增长见识。石头要击打才能产生火花，不击打就不会产生烟火。

◎ **直播课堂**

学无止境，你一旦停止了学习，那么你有可能随时被别人超越。

世上万般皆下品，思量唯有读书高

◎ **我是主持人**

读书能够让无知的我们变得有修养和高尚起来。

◎ **原文**

世上万般皆下品，思量唯有读书高。书中自有黄金屋，书中自有颜如玉。

◎ **注释**

万般：各种各样。思量：想想。颜如玉：指美丽的少女。

◎ **译文**

世界上其他一切都是次要的，仔细想想还是只有读书是最重要、最高尚的。书里面有黄金筑建的房子，也有美丽的少女。

◎ **直播课堂**

读书益于人的成长，读书可以使人获得智慧和力量。读一本好书可以让一个人明静如水、开阔视野、丰富阅历、提升修养水平。通过读书，我们粗鄙的生活会变得美好起来。

第三章
成事在人，志在千里

志向就是一个人在某一方面决心有所作为的努力方向。没有志向的人就没有前行的动力，更不会有事业的成功。持有不同世界观和人生观的人，志向是不一样的。个人来说，志向主要通过选择职业来体现，个人应选择社会需要的、最能发挥个人特长的职业作为志向，并为实现志向而努力奋斗。

一年之计在于春，一日之计在于晨

◎ 我是主持人

　　人生很短暂，若想让自己的一生多些成功，少些失败；多些欣慰，少些懊悔；多些满足，少些沮丧，就要尽早做好人生规划，科学高效地管理人生时刻表。

◎ 原文

　　一年之计在于春，一日之计在于晨，一家之计在于和，一生之计在于勤。

◎ 注释

　　计：计划，打算。和：和睦。

◎ 译文

　　要想做好一年的事业，应该在春天就做好计划和安排；要想做好一天的事情，就要在早晨做好打算；一个家庭中最为宝贵的就是和睦相处；一个人一生要获得成功就必须勤勉。

◎ 直播课堂

　　每个人都是自己命运的设计师，要让自己活得精彩，活得无憾，就一定要学会科学利用、合理分配自己的时间，学会有效管理自己的时间，让自己生命的每一分钟都充满活力。

人老心不老，人穷志不穷

◎ **我是主持人**

贫困也是一笔财富。

◎ **原文**

人老心不老，人穷志不穷。

◎ **注释**

穷：穷困。

◎ **译文**

一个人年龄大了但是心态却不能老，一个人家境贫困但是志气却不能短。

◎ **直播课堂**

我们不能在遭受挫折时就一味抱怨外在的环境和外在的因素。要知道凡事事在人为，只要我们有一颗坚定的心，有着远大的志向，坚持不懈地奋斗下去，肯定能战胜困难有所成就。

笋因落箨方成竹，鱼为奔波始化龙

◎ 我是主持人

这句话和"不经一番寒彻骨，怎得梅花扑鼻香"一样启示我们，要想做出一番大事业就要不断地努力和不懈地奋斗。

◎ 原文

笋因落箨方成竹，鱼为奔波始化龙。

◎ 注释

箨（tuò）：竹笋上一片一片的皮。始：才，刚才。

◎ 译文

竹笋只有剥落身上一片一片的皮才能长成竹子，鱼儿只有拼命地追波逐浪，才能跃过龙门，变成威龙。

◎ 直播课堂

一个人只有经历了无数的挫折失败和艰难困苦，才能成长为一个坚强的人，才能收获成功的果实。

凡事要好，须问三老

◎ **我是主持人**

面对这个世界，我们总是会有这样那样的问题，当有了问题时，我们就应该主动地去寻找答案。

◎ **原文**

凡事要好，须问三老。好问则裕，自用则小。

◎ **注释**

三老：泛指有声望的老人、前辈。裕：宽裕富足。自用：自以为是。小：短浅，狭隘。

◎ **译文**

任何事情想要做好，必须向有经验有阅历的长辈请教。善于请教就会使自己宽裕富足，自以为是就会变得狭隘。

◎ **直播课堂**

向别人请教是一种很好的学习方法。但是，当有声望的人向你传递出了错误的信息时，我们则应该坚持自己的主见，而不是盲目听从。

学者如禾如稻，不学者如蒿如草

◎ **我是主持人**

只有勤奋学习的人才能获得智慧，也容易获得别人的赞赏。

◎ **原文**

学者如禾如稻，不学者如蒿如草。

◎ **注释**

蒿：杂草。

◎ **译文**

勤奋学习的人就像庄稼一样有用，不勤奋学习的人就像杂草，毫无用处。

◎ **直播课堂**

我们是要成为丰收的稻谷还是被人遗弃的杂草呢？这完全在于我们的心愿和行动。

口说不如身逢，耳闻不如目见

◎ **我是主持人**

不要盲目地去听别人的说教，要眼见为实。

◎ **原文**

口说不如身逢，耳闻不如目见。

◎ **注释**

逢：遭遇。闻：听。

◎ **译文**

（听别人）用嘴说不如自己亲身去经历，耳朵听到的不如自己亲眼所见到的。

◎ **直播课堂**

对于别人说的话，我们要有所鉴别，不能盲目听信，经过自己亲身验证的结果才是最真实的。

见者易，学者难

◎ **我是主持人**

我们需要脚踏实地，一步一个脚印地去完成。

◎ **原文**

见者易，学者难。

◎ **注释**

者：结构助词，无实义。

◎ **译文**

看别人做觉得很容易，自己学着做才知道非常难。

◎ **直播课堂**

我们看别人做一件事觉得很容易，可是当我们自己着手做时，就会发现困难重重。这就劝我们做事切不要眼高手低。

一日为师，终身如父

◎ 我是主持人
在我们的人生道路上，除了父母之外，老师对我们的影响是最大的。

◎ 原文
一日为师，终身如父。忘恩负义，禽兽之徒。

◎ 注释
负：背弃。徒：人（多指坏人）。

◎ 译文
即使是只教过自己一天的老师，也应该一辈子把他当作父母一样来尊敬。如果忘记了恩情，背弃了道义，就是和禽兽一样的人了。

◎ 直播课堂
老师不仅教会我们知识，更重要的是教会我们做人的道理。对于我们来说，遇到一个好老师是我们一生的幸运。

不因渔父引，怎得见波涛

◎ **我是主持人**

我们要学会谦虚地接受他人的帮助，并且懂得感恩。

◎ **原文**

不因渔父引，怎得见波涛。因风吹火，用力不多。

◎ **注释**

因：凭借。渔父：渔翁，年长的捕鱼人。引：指引。

◎ **译文**

不靠渔翁的指引，怎么能看到江海的波涛？凭借风势吹火，使的力气就不用太多。

◎ **直播课堂**

有时候我们需要别人的帮助，才能更快地进步。所以，当有人帮助我们时，我们应该心怀感激之情。

他人观花，不涉你目

◎ **我是主持人**

　　做一个有所作为的人，这是我们从小就应该树立的目标。

◎ **原文**

　　他人观花，不涉你目；他人碌碌，不涉你足。

◎ **注释**

　　涉：关联。碌碌：无所作为。

◎ **译文**

　　别人在那里悠闲地观赏花朵，你好像没看见；别人整天无所作为，这不关你的事。指不管闲事，专心做自己的事情。

◎ **直播课堂**

　　有些人心无旁骛，专心做自己的事情，这样的人可以成为一个大有作为的人；有些人心有杂念，静不下心来做事，这样的人注定碌碌无为。你要成为哪一种人，这完全在于你的选择，你自己的坚持。

青出于蓝而胜于蓝，冰生于水而寒于水

◎ 我是主持人

我们没有必要因为前辈人的荣耀和取得的成就而自卑并裹足不前，因为只要通过勤奋努力，我们也可以像前辈一样有所成就，甚至超越他们。

◎ 原文

长江后浪推前浪，世上新人赶旧人。青出于蓝而胜于蓝，冰生于水而寒于水。

◎ 注释

新人：新一代的人，也指后起之秀。蓝：蓝草，能提炼出靛青这种颜料。胜：超过。

◎ 译文

长江的后浪推涌着前浪，世上新一代的人赶超着旧一代的人。靛青这种颜料是从蓝草中提炼出来的，但却比蓝草的颜色更深；冰是由水凝结而成的，但是比水更为寒冷。

◎ 直播课堂

人类是在不断超越自我的过程中壮大成长的。因此，我们在某一方面有可能超越前辈。但在这个过程中，我们不能狂妄自大，而应该虚心向前辈学习请教，只有这样，我们才能"青出于蓝而胜于蓝"。

士者国之宝，儒为席上珍

◎ **我是主持人**

人才对于一个国家来说是非常宝贵的。

◎ **原文**

士者国之宝，儒为席上珍。

◎ **注释**

士：古代指读书人。儒：同"士"，也指读书人。

◎ **译文**

读书之人是国家的宝贝，懂得礼仪的人是国家的栋梁。

◎ **直播课堂**

一个国家的强大需要经济实力，需要科学技术，更需要精英人才，需要有知识有智慧的有识之士。作为中国人应当有爱国之心，要让自己成长为国家和社会需要的人才，为国家、为社会贡献自己的一份力量。

第四章
但行好事，莫问前程

　　每一个人都想得福报，儿女有前途，父母能长寿。天天祈祷，生怕凶事横祸降临自己的身上和家中。其实，一个人要想得到福报，无灾无难，就得做行善积德的好事，不做损人利己的坏事。然而，大多数人并不知行善积德的真正意义。

千经万典，孝义为先

◎ 我是主持人

只有懂得孝敬父母的人，才是一个富有责任心的人，才可能成为一个正直的人。

◎ 原文

千经万典，孝义为先。万恶淫为首，百行孝为先。

◎ 注释

经：经书。典：典籍。

◎ 译文

不管是哪一种经书典籍，它们所讲述的道理，都是把孝顺父母、践行仁义放在第一位的。淫乱的心是一切恶行的开始，各种各样的行为中孝道是最重要的。

◎ 直播课堂

自古以来，孝敬父母一直是我们中华民族的传统美德，如今已成为我们做人的道德基点。这种美德并不应该随着时代变迁而消失，也不能因为物质生活的提高而变味。坚守住这笔宝贵的精神财富，就会赢来家和万事兴的美好局面。

羊有跪乳之恩，鸦有反哺之义

◎ 我是主持人

感恩就是对别人所给予的关爱和帮助表示感谢，对他人给予的帮助给予回报。感恩是一个人不可丢失的良知，是与生俱来的本性。不管我们的生活是贫穷还是富有，我们都要感恩父母的养育，没有他们就没有我们。

◎ 原文

羊有跪乳之恩，鸦有反哺之义。

◎ 注释

恩：感恩。哺：喂食。

◎ 译文

小羊羔喝母乳时前肢是跪在地上的，以表示对母羊的感恩之情；乌鸦在长大以后，会不定期地为它的父母寻找食物以报答当初的养育之恩。

◎ 直播课堂

每一个人在接受父母的无私关爱时要懂得感激，在父母年老时更要知道赡养父母，尽孝道。感恩不仅仅是对父母，对那些曾经为我们的成长默默付出过的人，我们都应该懂得感恩。

一言既出，驷马难追

◎ 我是主持人

诚信是人们立身处世的基本道德标准之一，也是人与人之间正常交往，形成良好人际关系的前提和基础。

◎ 原文

一言既出，驷马难追。人而无信，不知其可也。

◎ 注释

既：已经。驷马：在古代指同拉一辆车的四匹马。信：信用。

◎ 译文

一句话已经说出口，就是用四匹马拉的车也难追回。如果一个人连信用都不讲，就不知道他还能做什么事情。

◎ 直播课堂

在生活中，我们要以诚待人，遵守信用。我们要对自己说出的每一句话、所做的每一件事守信负责。

宁可人负我，切莫我负人

◎ **我是主持人**

我们为人要正直，一个正直的人才能赢得别人的尊重。

◎ **原文**

宁可人负我，切莫我负人。宁可正而不足，不可邪而有余。

◎ **注释**

负：违背，背弃。邪：不正当，不正派。

◎ **译文**

宁可别人对不起我，也不能我对不起别人。做人宁愿正直地安贫守拙，也不能靠歪门邪道牟取盈余。

◎ **直播课堂**

当我们面对别人的奸险时，切不能以奸险的方式进行报复，宁愿别人对不起我们，我们也不能丧失了自己的人格。

救人一命，胜造七级浮屠

◎ **我是主持人**

当别人处于困难之时，我们千万不要吝啬自己的援助之手。

◎ **原文**

救人一命，胜造七级浮屠。点塔七层，不如暗处一灯。

◎ **注释**

浮屠：佛教语，指佛塔。

◎ **译文**

救人一条性命，胜过建造七层佛塔的功德。把佛塔的七层都点上灯，还不如在黑暗的地方点上一盏灯。

◎ **直播课堂**

我们的举手之劳，可能就会使他人摆脱困境，找到新的出路。帮助别人不仅是美德，也能使我们获得快乐。

根深不怕风摇动，树正无愁月影斜

◎ 我是主持人

　　每一个人都应时刻注意自己的道德修养，培养自己的道德情操，提升自己的道德水平。

◎ 原文

　　根深不怕风摇动，树正无愁月影斜。

◎ 注释

　　愁：担心。

◎ 译文

　　一棵树如果根扎得深，就不怕风把它摇动；如果长得笔直挺立，就不怕月亮照它的时候影子歪斜。

◎ 直播课堂

　　道德情操是构成道德品质的重要因素。对人的道德行为起着支持作用。一个人只有注重培养自己的道德情操，树立正确的人生观，才能有所作为。

人间私语，天闻若雷

◎ **我是主持人**

不要做坏事，让自己问心无愧。

◎ **原文**

人间私语，天闻若雷。暗室亏心，神目如电。万事劝人休瞒昧，举头三尺有神明。

◎ **注释**

暗室：别人看不见的地方。瞒昧：隐瞒欺骗。神明：神灵。

◎ **译文**

人们说的私心的话，在老天听来就像是雷声一样响亮。人们在暗地里做的亏心事，在神明眼里就像是闪电一样明亮。劝你们什么事都不要隐瞒欺骗，因为在抬头三尺的地方有神灵在看着你。

◎ **直播课堂**

俗话说"白天不做亏心事，半夜不怕鬼敲门"，如果我们做了坏事，那么一定会受到道德的谴责，我们的心也将不得安宁。

但行好事，莫问前程

◎ **我是主持人**

在我们帮助别人时，不需要有太多的顾虑，要相信好人终有好报。

◎ **原文**

但行好事，莫问前程。

◎ **注释**

但：只要。前程：前途。

◎ **译文**

只要一心一意地去做好事，不要考虑自己的前途得失。

◎ **直播课堂**

即便做好事没有回报，我们也应该明白，帮助别人对于我们来说本身就是一件十分快乐的事，也是我们品德修养的体现。

欺人是祸，饶人是福

◎ **我是主持人**

给他人一条生路也是给自己一条生路。

◎ **原文**

欺人是祸，饶人是福；天眼昭昭，报应甚速。

◎ **注释**

欺：压迫，侮辱。饶：宽恕，免除处罚。昭昭：明亮的样子。

◎ **译文**

压迫侮辱别人一定会招致祸害，宽恕容纳别人就能带来福报；上天的眼睛非常明亮，人们的善恶行为很快就会得到报应。

◎ **直播课堂**

在生活中，我们可以宽恕别人的地方就应当多给予宽恕，这么做不是为了谋求报恩，而是为了获得更为高贵的善良。

君子爱财，取之有道

◎ 我是主持人

做人要有骨气，做事要有原则，不能为了贪图一点小利益，就丧失了自己的人格。

◎ 原文

宁向直中取，不可曲中求。君子爱财，取之有道。

◎ 注释

直：正直，合理。曲：歪曲。有道：正当途径。

◎ 译文

做人要正直有原则，宁可正当地去争取，也不可曲意逢迎，不顾人格地去谋求利益。有道德修养的人虽然也喜爱钱财，但都会从正当途径取得。

◎ 直播课堂

一个有修养的人在面对金钱的诱惑时，能够保持清醒的头脑，理性控制欲望，坚持以正当的手段合法取得合理的收益。

若争小可，便失大道

◎ **我是主持人**

生活中，我们不能贪小便宜，更不能为了贪便宜而失去自己的人格尊严。

◎ **原文**

若争小可，便失大道。合理可作，小利莫争。

◎ **注释**

小可：寻常，不重要。大道：正确的道理。

◎ **译文**

如果只斤斤计较于细微的利益，那么就会失去正确的道理。合乎事理的事情可以做，微小的利益就不要死命争夺了。

◎ **直播课堂**

要知道，贪小便宜通常是要吃亏的。凡事都是平衡的，当你占了小便宜，就会有人失去利益，当你自喜收获了小便宜和小利益，就一定会损失掉人格、声誉、朋友，甚至受骗上当。因为"占"本身就不是坦荡光明的行为，当然要有报应。所以我们要有长远的眼光和宽阔的胸襟，这样才能做大事情。

第五章
知足常足，为善最乐

　　世界上没有绝对的知足与不知足，两者往往是相互交织、相互作用、相辅相成的，无论是知足还是不知足，都是一种人生的心态。知足能使人安详、平静、达观、洒脱、超然；不知足能使人渴望、拼搏、奋进、登攀。

从俭入奢易，从奢入俭难

◎ **我是主持人**

人都是有惰性的，一旦我们养成奢侈浪费的坏习惯，要想再改回来就很困难了。

◎ **原文**

从俭入奢易，从奢入俭难。

◎ **注释**

俭：俭省，俭朴。奢：奢侈。

◎ **译文**

要想由俭朴变得奢侈是非常容易的，但要从奢侈变回俭朴是非常困难的。

◎ **直播课堂**

勤俭节约是我们中华民族的传统美德，养成勤俭节约的好习惯，不浪费，不和别人攀比，珍惜自己所拥有的一切，生活才能坦然、自得其乐。

知足常足，终身不辱

◎ 我是主持人

俗话说"知足常乐"，只有时常懂得满足的人才会时常感到快乐。

◎ 原文

知足常足，终身不辱。知止常止，终身不耻。

◎ 注释

常：时时，时常。终身：一辈子。

◎ 译文

知足的人时时都能感到满足，一辈子都不会因为欲望太强烈而做出辱没自己的事情；做事有分寸的人时时都会有所节制，一辈子都不会做出可耻的事情。

◎ 直播课堂

一个人如果过于贪心和不知分寸，到头来只会让自己陷入困境，更为甚者还可能做出有辱名声的事情。因此，牢记"知足常足""知止常止"会让自己警醒，远离耻辱的泥潭。

磨刀恨不利，刀利伤人指

◎ 我是主持人

钱财并不是我们生活的一切，生活中其实还有很多更为美好的东西，比如说亲情、友情，等等。

◎ 原文

磨刀恨不利，刀利伤人指。求财恨不得，财多害自己。

◎ 注释

恨：为做不到或做不好而内心不安。利：锋利。

◎ 译文

磨刀的时候生怕磨得不够锋利，但是不知道刀越锋利就越容易伤到人的手指。求取钱财的时候恨不得越多越好，但是不知道钱财越多反而会害了自己。

◎ 直播课堂

一个人如果被钱财迷惑了双眼，就容易产生贪婪之心，就会失去抵抗金钱诱惑的能力，最终丧失自我，失去做人的尊严，做出终生懊悔的事情。

点石化为金，人心犹未足

◎ 我是主持人

人的欲望是无止境的，时刻让自己保持清醒的头脑，认清并抵制种种诱惑，才能活得潇洒，活得自信。

◎ 原文

点石化为金，人心犹未足。

◎ 注释

犹：仍然。未足：不满足。

◎ 译文

即使学会了点石成金的法术，人的贪心仍然是无法满足的。

◎ 直播课堂

面对世界上的种种诱惑，我们需要厘清自己的思想，明确什么才是我们最需要的，是最适合自己的，然后再做出理性明智的选择。千万不要因一时的贪心而让自己悔恨一生。

贪他一斗米，失却半年粮

◎ 我是主持人

人总是生活在社会的某一个群体中，在群体中不仅需要交流和沟通，也需要关爱和理解，因此，我们要在生活中去理解他人，去帮助他人。

◎ 原文

贪他一斗米，失却半年粮。争他一脚豚，反失一肘羊。

◎ 注释

他：别人。豚：小猪，也泛指猪。肘：上臂与前臂相接处向外凸起的部分。

◎ 译文

贪求别人一斗米，自己可能会失掉半年的粮食。争夺别人一只猪蹄肉，自己可能会失去一只完整的羊肘子肉。

◎ 直播课堂

在生活中，有些人总会为了这样那样的蝇头小利而失去正确的判断力，做出因小失大的糊涂事。不懂得帮助别人，别人也不会帮助他；落井下石，会使别人远离他。贪欲不会给人带来幸福感，只会毁掉自己的生活。

贼是小人，智过君子

◎ 我是主持人
当我们不慎犯了错误，只要我们肯真心改过，这就是最好的事情。

◎ 原文
贼是小人，知过君子。君子固穷，小人穷斯滥也。

◎ 注释
过：过错。固：坚定。斯滥：不自我约束，胡作非为。

◎ 译文
贼虽是小人，但他们的智谋却可以胜过君子。君子能安于穷困，但小人穷困便会胡作非为。

◎ 直播课堂
不管我们遭遇了困境、磨难还是贫穷，我们都不应该因此而放纵自己，胡作非为。恪守做人的基本良知，在这个时候显得弥足珍贵。

为善最乐，为恶难逃

◎ **我是主持人**

能给别人一点点的帮助，也是一生中十分美好的事情。

◎ **原文**

为善最乐，为恶难逃。一毫之恶，劝人莫作。一毫之善，与人方便。

◎ **注释**

为善：做好事。为恶：做坏事。一毫：一点点。方便：帮助。

◎ **译文**

做好事最快乐，做坏事就别想逃脱惩罚。一点点的坏事，都要劝人不去做，一点点的好事，都要给人家帮助。

◎ **直播课堂**

对于被帮助的人来说，我们的举手之劳可能会给他们带来莫大的安慰，而当我们试着去帮助别人时，我们的内心也会感到无比的快乐。

善有善报，恶有恶报

◎ **我是主持人**

我们应该要记得，善良的人总会得到生活的眷顾，而作恶的人终会被生活所抛弃。

◎ **原文**

善有善报，恶有恶报。不是不报，日子不到。

◎ **注释**

报：回报。

◎ **译文**

做好事就会有好的回报，做坏事就会受到惩罚。不是没有报应，只是还不到时候。

◎ **直播课堂**

善良，就像是一颗美丽的珍珠，谁拥有善良，那么，谁就会拥有美丽，拥有人性的光辉。

善化不足，恶化有余

◎ **我是主持人**

不要因为世事的险恶而迷惑了我们内心的善良。

◎ **原文**

善化不足，恶化有余。人有善愿，天必佑之。善事可作，恶事莫为。

◎ **注释**

佑：保佑。莫：不要。

◎ **译文**

积善不够，积恶有余的人必定会遭殃。人只要有向善的心愿，老天就一定会保佑他。行善的事可以做，行恶的事绝对不能做。

◎ **直播课堂**

善恶观是人的基本道德观，毫无疑问，我们都应该使自己拥有一颗向善的心，并且及时行善。

天网恢恢，疏而不漏

◎ **我是主持人**

我们要相信这个世界上还是有公道的存在。

◎ **原文**

种麻得麻，种豆得豆。天网恢恢，疏而不漏。

◎ **注释**

恢恢：形容宽阔广大。

◎ **译文**

种下麻的种子就收获麻，种下豆的种子就收获豆。天道公平，它看起来不周密，但是犯罪的人肯定逃脱不了惩罚。

◎ **直播课堂**

坏人做坏事总有一天会得到报应，而我们自己更不能存有丝毫侥幸心理。

但将冷眼观螃蟹，看它横行到几时

◎ 我是主持人

这句话警醒我们为人不能蛮横，要与别人和善交往，多行善事。

◎ 原文

但将冷眼观螃蟹，看它横行到几时。

◎ 注释

但：只。

◎ 译文

我们只需冷眼观看螃蟹，看它能霸道到什么时候。

◎ 直播课堂

有时一些横行霸道的人暂时可得势，但总有一天会遭到报应。因为多行不义必自毙。

人不劝不善，钟不打不鸣

◎ **我是主持人**

人无完人，金无足赤。有的人犯有错误，但是他们在改正自己的错误后，一样可以成为一个受人尊敬的人。

◎ **原文**

人不劝不善，钟不打不鸣。

◎ **注释**

劝：勉励。鸣：发出声音。

◎ **译文**

人不去勉励他向善，他就很难变得善良，如同钟不击打它，它就不会发出声音。

◎ **直播课堂**

每个人都会有一颗向善、渴望上进的心，有人可能会一时迷糊犯了错误，这时我们要给他们鼓励和指点，帮助他们痛改前非。

第六章
居安思危，谨小慎微

做事应该未雨绸缪，居安思危，这样在危险突然降临时，才不至于手忙脚乱。古人说"书到用时方恨少"，平常若不充实学问，临时抱佛脚是来不及的。有人总是抱怨没有机会，然而当机会来临时，他却因自己平时没有积蓄足够的学识与能力，失去机会。

良药苦口利于病，忠言逆耳利于行

◎ 我是主持人

只有汲取众人的智慧，才能避免自己的失误，从而使自己变得更为优秀。

◎ 原文

良药苦口利于病，忠言逆耳利于行。

◎ 注释

良：好。逆耳：不中听。

◎ 译文

好药虽然很苦，但是有利于治病，正直的劝告可能有时会不中听，但是有利于为人处世。

◎ 直播课堂

当我们面对别人的批评意见时，我们首先要有一颗宽阔的心，要勇于接受，有则改之，无则加勉。

螳螂捕蝉，岂知黄雀在后

◎ **我是主持人**

目光短浅的人势必会被人抓住短柄，而陷自己于不利局面。

◎ **原文**

螳螂捕蝉，岂知黄雀在后。

◎ **注释**

岂：哪里。

◎ **译文**

螳螂只顾着捕捉前面的蝉，哪里知道黄雀正在后面等着吃它。

◎ **直播课堂**

我们做事的时候一定要有长远的眼光，不能只顾眼前的利益。

路不行不到，事不为不成

◎ **我是主持人**

只要我们怀抱信心，相信条条道路通罗马，在人生的道路上必将会取得胜利。

◎ **原文**

路不行不到，事不为不成。

◎ **注释**

为：做。成：成功。

◎ **译文**

路如果不走的话，是怎么也走不到头的，同理，如果事情不去做的话，也是无论如何不会成功的。

◎ **直播课堂**

人的一生要经历各种艰难困苦，面对人生中的挫折和磨难，一定要树立起坚定的信念，因为，世界上没有克服不了的困难，也没有永远走不出的困境。

黄河尚有澄清日，岂可人无得运时

◎ **我是主持人**

人的一生不会一帆风顺，常会遇到意想不到的问题和困难，但问题和困难都是暂时的，因为人类就是在解决问题和克服困难中成长的。

◎ **原文**

黄河尚有澄清日，岂可人无得运时。留得五湖明月在，不愁无处下金钩。

◎ **注释**

尚：尚且。金钩：指弯月的影子。

◎ **译文**

混浊的黄河尚且有变得澄清的时候，再倒霉的人当然也会有时来运转的时候。只要有湖水和天上的月亮在，就不用担心看不见弯月的倒影。

◎ **直播课堂**

即使我们遭遇了巨大的灾难，我们也不应该失去对生活的信心。因为只要我们坚持下去，终有一天，一切会柳暗花明。

再三须慎意，第一莫欺心

◎ **我是主持人**

人能清醒认识自己，对待自己，是最明智的。

◎ **原文**

牡丹花好空入目，枣花虽小结实成。再三须慎意，第一莫欺心。

◎ **注释**

慎意：重视。

◎ **译文**

牡丹花尽管好看，但只能让人饱饱眼福，结不出果实；枣花虽然小得几乎看不见，但却能结出能够让人食用的枣子。我们需要再三重视的事情，第一点就是自己不能欺骗自己。

◎ **直播课堂**

人的难能可贵之处是能够正确认识自己，有多大能力做多大事。要做到这一点，不能让虚荣心、好胜心战胜理智，不能自欺欺人，否则就会遭到惨败。

人无远虑，必有近忧

◎ **我是主持人**

我的人生，我做主。要让自己的一生不虚度，就要无论做什么事情，都有长远的打算。

◎ **原文**

人无远虑，必有近忧。

◎ **注释**

远虑：长远的考虑。近忧：近在眼前的忧患。

◎ **译文**

人没有长远的考虑，也必有眼前的忧虑。

◎ **直播课堂**

人生的方向盘把握在自己的手中，要尽早确定自己的行走方向，制定自己的人生规划，这样才能有备无患，让青春无悔。

养儿待老，积谷防饥

◎ **我是主持人**

　　只要我们积极地做好防御和准备工作，无论面对何种问题，我们都能够自信面对。

◎ **原文**

　　养儿待老，积谷防饥。年年防饥，夜夜防盗。

◎ **注释**

　　饥：饥荒。

◎ **译文**

　　抚养儿子以求年老的时候能够得到相应的依靠和关怀，囤积粮食以防范饥荒年代的到来。每一年都应该预防饥荒和灾荒，每一夜都要小心谨慎、防范盗贼。

◎ **直播课堂**

　　在我们的生活中，总会遇到各种难以预见的意外情况，因而当我们做事时一方面要谨小慎微，另一方面要对突发事件有心理准备，这样才能做到胸有成竹、遇事不慌。

人生不满百，常怀千岁忧

◎ **我是主持人**

要做事情就不能对什么事都担忧，甚至对根本不会发生的事也忧心忡忡。因为过分担忧会导致疑神疑鬼，影响对事物的判断力，这样难免就会闹出笑话。

◎ **原文**

人生不满百，常怀千岁忧。

◎ **注释**

不满：不足。

◎ **译文**

人生不足百岁，心中却记挂着千岁的忧愁。

◎ **直播课堂**

生活中，我们不要把时间浪费在无意义的烦恼上，凡事要看得达观些，应该敞开胸怀去把握身边各种美好的事情。

养兵千日，用兵一时

◎ **我是主持人**

我们从小学到中学，从高中到大学，甚至研究生，十几年的学习是在积累知识，提升文化水平，数年的学习为的是走向社会成为一个有益于社会的人，成为一个能够自食其力的人。

◎ **原文**

养兵千日，用兵一时。百年成之不足，一旦败之有余。

◎ **注释**

成：成功。不足：不够。

◎ **译文**

平时供养、训练军队，以便到关键时刻用兵打仗。要想做成功一件事需要长期不懈的努力，然而在此期间一旦松懈，之前的努力就可能全部付诸东流。

◎ **直播课堂**

有大智慧的人并不急着表现自己，他们往往先蓄足了底蕴，成竹在胸，一旦时机成熟，便会一鸣惊人。

力微休负重，言轻莫劝人

◎ 我是主持人

　　一个人的能力有大小，每个人的体力和情商也是一样的，因此在做事情的时候，每个人都要认清自己的实力，量力而行，这样才能最有效地做好工作。

◎ 原文

　　力微休负重，言轻莫劝人。

◎ 注释

　　休：不要。负：背负。

◎ 译文

　　力量薄弱就不要背负太重的东西，自己的话没有分量就不要去劝勉别人。

◎ 直播课堂

　　每个人的能力是不一样的，所以要想把事情办好，一定要懂得量力而行，对力所能及的事情我们就应该奋力去做，对力所不能及的就不要强求、逞能，切不可自欺欺人、盲目自信、蛮干，否则会事与愿违、适得其反。

处处绿杨堪系马，家家有路通长安

◎ **我是主持人**

所谓条条道路通罗马，通向成功的路并不止一条，所以无论什么时候，我们都不应该对自己失去信心。

◎ **原文**

处处绿杨堪系马，家家有路通长安。

◎ **注释**

堪：可以。

◎ **译文**

只要有杨树可以用来系马的缰绳，那么无论哪条道路都可以通达到长安。

◎ **直播课堂**

一个人要取得成功是没有捷径的，正所谓一分耕耘，一分收获。

近水楼台先得月，向阳花木早逢春

◎ 我是主持人

机会对我们来说是十分重要的，谁能获得先机，可能就意味着先获得成功。

◎ 原文

近水楼台先得月，向阳花木早逢春。自恨枝无妩叶，莫怨太阳偏。

◎ 注释

得：得到。逢：迎接。恨：埋怨。

◎ 译文

靠近水边的楼台因为没有树木的遮挡，所以能先看到月亮的倒影，迎着阳光的花木，因为光照好，所以就能较早显露出春天的景象。自己怪自己枝头上没有叶子，不要埋怨太阳照偏了。

◎ 直播课堂

机会总是青睐那些有准备的人，老是抱怨没有机会，不愿踏实准备的人，只能与机会失之交臂。

天时不如地利，地利不如人和

◎ **我是主持人**

这句话特别向我们说明人心团结的重要性。

◎ **原文**

天时不如地利，地利不如人和。

◎ **注释**

天时：良好的时机。地利：有利的地形。人和：人心团结。

◎ **译文**

好的时机比不上有利的地形，而有利的地形却比不上人心团结与和睦。

◎ **直播课堂**

一个人的力量是有限的，团队的力量是无法估量的。团队的力量是合力，团队的力量来自人心齐。所以，如果其他外在条件再好，如果一起做事的团队成员不团结，那么肯定也是做不好事情的。

成事莫说，覆水难收

◎ **我是主持人**

我们不要因为自己的一时冲动或一时糊涂，而犯下无法弥补的过错。

◎ **原文**

成事莫说，覆水难收。

◎ **注释**

成事：已成定局的事。覆水：已倒出的水。

◎ **译文**

已成定局的事就不要再说了，已倒出的水是不可能再收回来了。

◎ **直播课堂**

我们在说话和做事时一定要三思而行考虑妥当。因为，很多时候，我们说错了话、做错了事，是再也无法挽回的。

得宠思辱，居安思危

◎ **我是主持人**

如果一味贪享安逸，那么你离忧愁也就不远了。

◎ **原文**

得宠思辱，居安思危。常将有日思无日，莫把无时当有时。

◎ **注释**

宠：宠爱，偏袒。辱：羞辱。有：富有。

◎ **译文**

在得到宠爱的时候就应该考虑到可能受到的侮辱，处境安定时就要想到可能会遇到的危难。过富裕生活的时候，要想到以后可能会过贫穷的日子，不要到了一无所有的时候再来回想以前的美好生活。

◎ **直播课堂**

这句话启示我们要有忧患意识，当我们处于好的境遇时，切不可麻痹大意。

城门失火，殃及池鱼

◎ **我是主持人**

不要只顾着眼前的利益，而忽略了可能会带来的灾难。

◎ **原文**

城门失火，殃及池鱼。

◎ **注释**

殃及：连累。

◎ **译文**

城门口失了火，取护城河水救火，使护城河中的鱼受到牵连，无水而死。

◎ **直播课堂**

这段话启示我们事物之间都有着密切的联系，我们在做一件事时，一定要考虑到这样做的后果。

一人道虚，千人传实

◎ 我是主持人
要对所听到的消息保持警惕，不要轻易相信听到的事情。

◎ 原文
一人道虚，千人传实。

◎ 注释
道：说。

◎ 译文
如果有一个人说的是假话，但大家不去求证，互相传开来，也就可能成为真话了。

◎ 直播课堂
今天我们正处于一个信息技术高度发达的时代，当我们面对铺天盖地般的海量信息时，尤其要注意鉴别真伪，不能被虚假信息牵着鼻子走。

差之毫厘，失之千里

◎ **我是主持人**

我们要养成细心谨慎的好习惯。

◎ **原文**

差之毫厘，失之千里。

◎ **注释**

毫厘：两个很小的计量单位。

◎ **译文**

虽然相差很微小，结果会造成很大的错误。

◎ **直播课堂**

我们做事千万不能粗心马虎，因为任何一点点的失误和不小心，都可能酿成极大的灾难。

今朝有酒今朝醉，明日愁来明日忧

◎ **我是主持人**

这句话启示我们做人要豁达，要积极乐观地生活。

◎ **原文**

今朝有酒今朝醉，明日愁来明日忧。遇饮酒时须饮酒，得高歌处且高歌。

◎ **注释**

今朝：今天。且：就。

◎ **译文**

今天有酒喝，今天就要喝得痛快，明天的烦恼，等到明天再去忧愁。有酒喝的时候就应该喝酒，要放声歌唱的时候就要放声歌唱。

◎ **直播课堂**

如果我们对生活微笑，那么生活也会还我们以快乐；如果我们总是觉得生活充满烦恼，那么生活只会令我们处处忧愁。

人生知足何时足，人老偷闲且是闲

◎ **我是主持人**

所谓知足常乐，就是要知道满足，要自得其乐。始终保持一颗平和的心，就会无忧无虑、天天快乐。

◎ **原文**

人生知足何时足，人老偷闲且是闲。

◎ **注释**

偷闲：偷懒，闲着。

◎ **译文**

人一辈子什么时候才能懂得知足呢，既然老了能清闲一点就清闲一点吧。

◎ **直播课堂**

在生活中，我们总是有这样那样的不如意和不顺心，但是很多时候，种种不如意和不顺心只是源于我们过多的追求和不满足。

若登高必自卑，若涉远必自迩

◎ **我是主持人**

这句话启示我们不能骄傲自满，要知道山外有山，人外有人。

◎ **原文**

当时若不登高望，谁信东流海洋深。若登高必自卑，若涉远必自迩。

◎ **注释**

涉远：远行。迩：近处。

◎ **译文**

当初如果不是去登高望远，后来怎么会知道东海的浩瀚呢？想攀登高山就一定要从低处开始，想要远行就一定要从近处起步。

◎ **直播课堂**

一个人只有不断地学习，才能积累知识多长见识，不断拓宽视野。渊博的知识来自脚踏实地，持之以恒的学习。

河狭水急，人急计生

◎ **我是主持人**

在急迫关头，我们最需要的是想出积极有效的应对方法。

◎ **原文**

河狭水急，人急计生。

◎ **注释**

狭：窄，不宽阔。急：迫切，要紧。

◎ **译文**

河道狭窄了，水流就会变得湍急，人在紧急迫切的情况下才能想出好办法。

◎ **直播课堂**

人的一生会遇到很多千奇百怪的事情，正是这些经历让人聪明，让人成长。所以当我们遇到任何紧急情况时，都不要慌张，要保持镇定，用智慧化险为夷。

莫将容易得，便作等闲看

◎ 我是主持人

不管是天赋还是其他的东西，我们都不能自认为容易得来，就不懂得珍惜，甚至白白浪费了。

◎ 原文

莫将容易得，便作等闲看。

◎ 注释

等闲：轻易，随便。

◎ 译文

不要因为容易得到，就不好好珍惜，不把它当回事。

◎ 直播课堂

很多东西一旦失去了，我们才会发现它是那么的珍贵。所以要珍惜已拥有东西，不要因为自己的一时疏忽而懊悔一生。

蒿草之下还有兰香，茅茨之屋或有侯王

◎ 我是主持人

一个具备才华的人是不会被埋没的，是金子总会发光，即使他身处的环境并不好。

◎ 原文

蒿草之下还有兰香，茅茨之屋或有侯王。

◎ 注释

蒿草：一种野草。茅茨：茅屋，指简陋的居室。

◎ 译文

野草的下面还生长着香气四溢的兰花，茅草屋里住着的人可能是将来的王侯。

◎ 直播课堂

我们不能轻视任何一个人。因为有的人可能只是受当前的状况限制而无法展示才华。但是只要合适的时机一到，他就会脱颖而出、一鸣惊人。

第七章
为人处世，谦逊礼让

"君子坦荡荡，小人常戚戚"。凡事出于公心，心地自然坦然。无论在顺利的时候，还是在失意的时候，都要保持那么一股劲，保持那么一种奋发向上的精神状态。在日常生活中，只要坚持树立正气、促进团结、保持和谐，生活就会过得顺心、愉快。

知音说与知音听，不是知音莫与谈

◎ 我是主持人

在我们的人生当中，很难遇到一位真正懂得我们的知心朋友。

◎ 原文

知音说与知音听，不是知音莫与谈。知我者谓我心忧，不知我者谓我何求。

◎ 注释

知音：知己的人。谓：说。何：什么。

◎ 译文

知心的话说给知己的人听，不是知己的人就不要跟他谈心。了解我的人，知道我心中的惆怅，不了解我的人，认为我是有所求。

◎ 直播课堂

当我们遇到真正的朋友时，我们就应该好好珍惜彼此的友谊。而对那些无法真切了解我们的人，彼此间就需要有更多的沟通和交流。

凡人不可貌相，海水不可斗量

◎ **我是主持人**

我们在和别人交往时，不能只凭借一个人的相貌或是其他一些外在的东西来判断别人。

◎ **原文**

凡人不可貌相，海水不可斗量。

◎ **注释**

貌相：根据外貌判断人。

◎ **译文**

一个人的才能品德是不能只从相貌上评判的，海水的体积是不可能用斗计量的。

◎ **直播课堂**

我们不能以出身、家庭背景等来评判一个人的品行和才能，这既是对别人的不尊重，也可能会使我们错失一个良师益友。

莫信直中直，须防仁不仁

◎ **我是主持人**

有些人看起来直爽、讲仁义，其实是伪善、奸诈之徒，对这样的人我们万不可轻信，必须防备。

◎ **原文**

莫信直中直，须防仁不仁。君子乐得做君子，小人枉自做小人。

◎ **注释**

直：正直。不仁：不讲道义。枉自：白白地。

◎ **译文**

不要相信表面上的正直，要防备别人心存不良。君子以做君子为快乐，而小人纵然费尽心机，四面讨好，内心却是整日忧虑。

◎ **直播课堂**

一个真正的人才，必定是德才兼备的，只有才华却没有品德，那么做事肯定会处处碰壁。

将相胸前堪走马，公侯肚里好撑船

◎ 我是主持人

尽管我们不是"宰相"，也不是"公侯"，可是做人心胸要开阔，要有肚量的道理却是一样的。

◎ 原文

将相胸前堪走马，公侯肚里好撑船。用心计较般般错，退步思量事事宽。

◎ 注释

堪：能，可以。走：跑。思量：思索。

◎ 译文

将军宰相能承担大事，胸襟开阔得可以跑马；公侯贵族有宽宏的气量，肚子里可以行船。过于小心眼计较每件事，就会觉得哪儿都不对，而只要退一步想想，就会觉得什么事都可以处理好。

◎ 直播课堂

一个胸怀开阔的人才会有人愿意和他交朋友，自己也不会有那么多烦恼事。

人情似水分高下，世事如云任卷舒

◎ 我是主持人

一个人不管是穷是富，都要怀着一颗平和的心，与人真诚交往，相互尊重不卑不亢。

◎ 原文

人情似水分高下，世事如云任卷舒。

◎ 注释

任：由着，听凭。

◎ 译文

人与人之间的情谊就像水一样有高有低，世间的事就像云一样变化多端。

◎ 直播课堂

自古至今，从不缺乏趋炎附势的小人，你得势的时候，门庭若市，车水马龙，一旦倒台，马上就人走茶凉，一个人影也看不到了，这就是世态炎凉，人情冷暖。俗话说："三十年河东，三十年河西"，现在贫困潦倒的人，谁敢保证若干年后不会时来运转，突然发达了呢？所以做人一定要把眼光放长远些，不要太急功近利，鼠目寸光。

忍一句，息一怒

◎ **我是主持人**

在我们的生活中，难免会碰到这样那样的矛盾，这时我们切不能情绪化。

◎ **原文**

忍一句，息一怒；饶一着，退一步。得忍且忍，得耐且耐。不忍不耐，小事成大。

◎ **注释**

饶：宽恕，免除处罚。且：就。

◎ **译文**

忍一句话，就可以平息一场怨怒；宽恕一次，大家就可以相安无事。该忍耐的时候就应该忍耐，不懂得忍耐，那么小事情也会变成大事情。

◎ **直播课堂**

人与人之间一味地争个你对我错，这样不仅不能解决问题，而且很可能会使小矛盾上升为大矛盾，所谓退一步海阔天空，正是这个道理。

杀人一万，自损三千

◎ 我是主持人

人与人交往应学会控制自己的情绪，不说伤害别人的话，也不做伤害别人的事。

◎ 原文

杀人一万，自损三千。伤人一语，利如刀割。利刀割体痕易合，恶语伤人恨不消。

◎ 注释

损：损失。恨：怨恨。

◎ 译文

杀敌人一万人，那么自己也至少会损失三千人。说一句伤害别人的话，就像是用一把锋利的刀在割别人的身体。用锋利的刀伤害身体造成的疤痕容易愈合，可是说伤害别人的话，怨恨却是无法消除的。

◎ 直播课堂

与人相处恶语相伤，给别人造成的伤害可能是无法挽回的，也是无法消除的，即便我们事后道多少次歉都没有用。

龙游浅水遭虾戏，虎落平阳被犬欺

◎ **我是主持人**

乘人之危，落井下石，这都不是一个有修养的人的所为。

◎ **原文**

龙游浅水遭虾戏，虎落平阳被犬欺。

◎ **注释**

戏：戏弄。平阳：平原。

◎ **译文**

威龙游到浅水滩遭到小虾的戏弄，猛虎到了平原上却受到小狗的欺负。

◎ **直播课堂**

当一个人处在低谷的时候，我们能做的不是乘机打击他，欺负他，而是应该伸出我们的援助之手，拉他一把。

水至清则无鱼，人至察则无徒

◎ **我是主持人**

如果一个人总是对别人过于苛求，那么他是没有办法交到朋友的。

◎ **原文**

水至清则无鱼，人至察则无徒。

◎ **注释**

至清：过于清澈。至察：过于苛刻。徒：跟从的人，朋友。

◎ **译文**

水过于清澈了就不会有鱼，人过于苛刻了就不会有可以交往的朋友。

◎ **直播课堂**

每个人都会有缺点和优点，我们只有懂得包容别人的缺点，才能与人和谐相处，而对别人的包容也是对自己的恩德。

千里送毫毛，礼轻情意重

◎ 我是主持人

人们之间的情意不是用金钱所能衡量的，俗话说磨难中见真情，真正的友谊经得起时间和磨难的考验。

◎ 原文

千里送毫毛，礼轻情意重。世上若要人情好，赊去物件莫取钱。

◎ 注释

毫：细长而尖的毛。赊：买卖货物时延期付款或收款。

◎ 译文

从千里之外送来的一片羽毛，礼物虽然很轻但是包含着厚重的情义。在世上要想有好人缘，那么就给人家东西而不收钱。

◎ 直播课堂

对于好友的馈赠，即便是一件小礼物，我们也能感受到它所包含的深厚情谊。

求人须求大丈夫，济人须济急时无

◎ **我是主持人**

这句话启示我们帮助别人要及时，在别人最需要帮助的时候提供帮助。

◎ **原文**

求人须求大丈夫，济人须济急时无。渴时一滴如甘露，醉后添杯不如无。

◎ **注释**

大丈夫：有志气、有作为的男子。济：对困苦的人加以帮助。添：增加。

◎ **译文**

需要别人帮助时应该去请求那些有志气有作为的男子汉，想要帮助别人时应该选在别人最需要你帮助的时候。人渴的时候你给他送一滴水就像是送甘露一样，人喝醉酒后你再给他添酒还不如别添了。

◎ **直播课堂**

如果别人都已经脱离困难了，我们再假惺惺地说要去帮忙，那么其结果就会像"珍珠翡翠白玉汤"一样，完全变味。

使口不如自走，求人不如求己

◎ **我是主持人**

　　当我们遇到困难时，不能只想着让别人来帮忙，要学会自己去解决问题，自己去克服困难。

◎ **原文**

　　使口不如自走，求人不如求己。

◎ **注释**

　　使：用。

◎ **译文**

　　用嘴巴去求别人还不如自己去行动，求助于别人还不如求助于自己。

◎ **直播课堂**

　　就像毛遂一样，就算谁都不赏识他，谁也不举荐他，他也能自己主动地站出来，去展示自己的才能。

平生只会说人短，何不回头把己量

◎ **我是主持人**

只要相互宽容，人与人之间的交往就会免去很多不必要的争吵和矛盾。

◎ **原文**

平生只会说人短，何不回头把己量？平生莫作皱眉事，世上应无切齿人。

◎ **注释**

短：缺点。量：衡量。切齿人：可恨的人。

◎ **译文**

有的人平日只会挑剔别人的缺点，为什么不回过头来找找自身的缺点呢？自己平日里不做让人恼怒的事，这世上也不会有恨你的人。

◎ **直播课堂**

人与人交往需要相互尊重，相互理解，相互包容。只会对别人说三道四的人，是不会有好朋友的。

是非终日有，不听自然无

◎ **我是主持人**

一个在背后说别人坏话的人，他自己已经不是个光明磊落的人了。

◎ **原文**

是非终日有，不听自然无。来说是非者，便是是非人。

◎ **注释**

是非：口舌，纠纷。

◎ **译文**

是非的事每天都有，你不去听自然就没有。总是议论别人是非的人，他自己就是一个搬弄是非的人。

◎ **直播课堂**

在生活中，我们可能会遭遇别人的讽刺、诽谤或者笑话，我们大可以一笑了之，不去理会。而当有人在背后说别人的坏话时，我们也大可不去相信。

结交须胜己，似我不如无

◎ **我是主持人**

我们在交友时，应该善于发现别人身上的闪光点。

◎ **原文**

结交须胜己，似我不如无。但看三五日，相见不如初。

◎ **注释**

初：初相识时的印象。

◎ **译文**

交朋友要交往胜过自己的人，与自己差不多的朋友不如没有。往往同友人交往一段时间后，见面的印象就不像刚见时那么好了。

◎ **直播课堂**

与人的交往不是一朝一夕的事，需要长时间的磨合和沟通交流。

君子之交淡如水，小人之交酒肉亲

◎ **我是主持人**

人与人交往时，应不卑不亢，心胸坦荡。

◎ **原文**

君子之交淡如水，小人之交酒肉亲。贤者不炫己之长，君子不夺人所好。

◎ **注释**

炫：炫耀，自夸。所好：喜爱的东西。

◎ **译文**

君子们的交情像溪水一样清淡，但能够稳定长久；小人们的交情像喝酒吃肉一样甜腻，容易损坏变质。贤德的人不会四处去炫耀自己的优点，有修养的人不会去强夺别人喜爱的东西。

◎ **直播课堂**

我们在和别人交往时，应当以诚相待，学会与他人平等交流，既不要把自己的想法强加于别人，也不要贬低嘲笑别人。

人各有心，心各有见

◎ **我是主持人**

　　每个人的学识和修养不一样，所以，看问题、为人处世方面肯定也都不一样。

◎ **原文**

　　人各有心，心各有见。

◎ **注释**

　　见：指对同一问题各人的不同看法。

◎ **译文**

　　每个人都有自己的修养和见识，所以每个人对事物的看法都会不一样。

◎ **直播课堂**

　　这启示着我们应该尊重别人的独特性。当我们和别人发生争执的时候，我们要做的不是否认别人的观点，而是要求同存异，以求得最佳解决方案。

小时是兄弟，长大各乡里

◎ **我是主持人**

时光的流逝总是在不知不觉中，今天我们还是翩翩少年，转眼间可能就会老去。

◎ **原文**

记得少年骑竹马，看看又是白头翁。小时是兄弟，长大各乡里。

◎ **注释**

白头翁：白头发的老人。各：各自。

◎ **译文**

记忆中自己还是骑着竹马在玩，没想到一转眼就是白头老人了。小的时候大家兄弟总是待在一起，长大之后就各奔东西，去到不同的地方了。

◎ **直播课堂**

除了珍惜现在，我们更应该积极乐观地过好人生的每个阶段，就算到了老去之时，相信那些积淀下来的美好情感也会伴着我们坚定地走下去。

父子和而家不败，兄弟和而家不分

◎ 我是主持人

在和别人交往时，凡事都要多些忍让，多点忍耐。

◎ 原文

父子和而家不败，兄弟和而家不分。乡党和而争讼息，夫妇和而家道兴。

◎ 注释

乡党：乡亲。争讼：因争论而诉讼。息：停止。家道：家境。

◎ 译文

父子和睦，家道就不会衰败；兄弟和睦，一家人就不会分开。邻里乡亲和睦，就不会有因争论而起的诉讼；夫妻两人和睦，家道就会变得兴盛。

◎ 直播课堂

人与人和睦相处对于每一人来说都是十分重要的，但是要做到和睦相处却是十分困难的。

天下无不是的父母，世上最难得者兄弟

◎ **我是主持人**

世界上最亲的人莫过于我们的父母和兄弟姐妹了。

◎ **原文**

天下无不是的父母，世上最难得者兄弟。

◎ **注释**

者：人。

◎ **译文**

天底下没有不对的父母，世界上最难得的人是兄弟。

◎ **直播课堂**

俗话说，血浓于水，亲人之间有着难以割舍的爱。不管我们做错了什么，父母亲总会以最宽容的心接纳我们，而常常和我们一起分担痛苦和喜悦的也是我们的兄弟姐妹。对于他们，我们要懂得感恩。

下篇 《增广贤文》深度报道

第一章
用知识改变自己

求知可以增长见识，可以提高修养，甚至可以改变命运。用知识创造全新的自己，用知识创造美好的未来。有实践经验的人虽然能办理个别性的事务，但若要纵观整体、运筹全局，唯有掌握理论知识方能办到。

宋太宗开卷有益

宋太宗赵光义是宋朝的第二个皇帝，他很喜欢读书，尤其是历史书。他知道要想治理好国家，历史上各代君王的治国经验是非常值得借鉴的。可是有一天他去皇宫的藏书阁，发现那里的藏书并不多，只有万余卷。这怎么能行？堂堂一个大宋王国，连皇宫里都没有丰厚的藏书，那还怎么让整个国家的文化变得繁荣？于是，宋太宗下了告示，向民间征求各类书籍，凡是献上书籍的人都重重有赏。很快，各地的书籍像潮水一样涌向皇宫，其中包括一些佚失已久的图书，这么一来，藏书阁里的书籍就由原来的万余卷迅速增加到八万余卷。

书是有了，但问题又来了。宋太宗觉得每次要从众多的书籍中查找挑选书太麻烦了，于是他就下旨让几个文官组织一批人对这些书进行整编。这些书整编之后，就有了今天我们所知道的《太平总览》《太平广记》等大型类书。《太平总览》是一部百科全书式的类书，它收集摘录了1600多种古籍的重要内容，分类归成55门，全书共1000卷，是一部很有价值的参考书。

宋太宗拿到书后，非常高兴，计划自己每天至少看两三卷，准备在一年内把这部书看完。可是宋太宗连续看了十几天后，就有大臣过来说："皇上，您日理万机，每天处理那么多事情已经够累了，再这么看书身体会吃不消的，您还是少看一些吧，别累坏身体了！"

面对大臣的关心和劝告，宋太宗微微一笑，说："我看书是因为我喜欢书，看书总是让我觉得乐趣无穷，并不会觉得劳累。况且作为一国之君，如果不读书，怎么能懂得治国之道呢？你们也要记住，只要一打开书，那都是有益处的啊！"

就这样，宋太宗仍然坚持每天阅读三卷，有时因国事繁忙耽搁了，他也要抽空补上。一年之后，宋太宗真的看完了全书，并把《太平总览》改名为《太平御览》。

当时的大臣们见宋太宗如此勤奋读书，也都纷纷效仿，所以朝廷上下读书的风气一时兴盛，就连平常不读书的宰相赵普，也孜孜不倦地阅读《论语》，有"半部论语治天下"的说法。后来，"开卷有益"还成了一个成语，形容只要打开书本去读书，总会得到益处。

凿壁偷光

在汉朝时，有一个名叫匡衡的人，他出身农家，家中世代都是农民。匡衡虽然家境不好，但是非常喜欢读书。他年轻时家里很穷，只能白天给人做雇工以维持生计，到了晚上，才能有时间安心读书。可是家里穷得连蜡烛也买不起，没有烛光就看不了书。匡衡眼看着晚上的时间不能读书，心里非常痛苦。

匡衡的邻居家很富有，一到晚上，好几间屋子都会点起蜡烛，把屋子照得通亮。有一天，匡衡鼓起勇气，对邻居说："我晚上想读书，可买不起蜡烛，可不可以借用你们家的一寸之地呢，就是让我站在院子里也好，只要有烛光就行。"邻居一向瞧不起穷人，就恶毒地挖苦说："既然穷得买不起蜡烛，还读什么书呢！还是好好睡你的觉，早上早点起来干农活吧！"说完，邻居哈哈大笑起来。匡衡听后非常气愤，不过这更加坚定了他一定要把书读好的决心。

"谁说穷人就不能念书了，我一定会做出一番成就让你看的。"匡衡回到家中，躺在床上愤懑地想着。可是邻居家的吵闹声让他怎么也睡不着。突然，一个念头闪过他脑海——既然声音可以透过墙传过来，那在墙上凿个洞，邻居家的灯光不是也能透过来了吗？匡衡为自己的想法感到异常高兴，这一晚他安心地睡下了。

第二天，他看邻居出门去了，就拿起工具在自己家的墙上凿出一个小洞，直通到邻居家。到了晚上，邻居家像往常一样点起了蜡烛，一丝微弱的灯光透过墙洞投到匡衡的房间。匡衡高兴得手舞足蹈，立马拿来书，借着这微弱的光线，如饥似渴地读了起来。

一段时间过去，匡衡渐渐地把家中的书全都读完了。读完这些书，他深感自己所掌握的知识是远远不够的，他想多看一些书的愿望更加迫切了。村里有个大户人家，家里有很多藏书。一天，匡衡卷着铺盖出现在大户人家门前，他对主人说："请您收留我吧，我给您家里干活，不求报酬，只求您让我阅读您家里的藏书就可以了。"主人被匡衡勤奋好学的精神深深感动了，就答应了他的请求。

年复一年，匡衡始终这样坚持不懈地勤奋学习，后来他做了汉元帝的丞相，成为两汉时期一位有名的学者。

孔夫子不耻下问

卫国大夫孔圉聪明好学，更难得的是他是个非常谦虚的人。孔圉死后，卫国国君为了让后人都学习和发扬他的好学精神，特别赐给他一个"文公"的称号，因此后人就尊称他为孔文子。

孔子的学生子贡也是卫国人，但是他却不认为孔圉能配得上那样高的评价。有一次，子贡就问孔子："孔圉的学问和才华虽然很高，但是比他更杰出的人还很多，凭什么赐给孔圉'文公'的称号呢？"孔子听了微微一笑，说："孔圉虽然学问不是最高的，但他却是最虚心好学的。他遇到任何不懂的事情，就算对方地位或学问不如他，他也会大方谦虚地请教，一点都不会因此感到羞耻，这就是他难得的地方，所以赐给他'文公'的称号并不为过。"经过孔子的这番解释，子贡终于明白了。

而孔子不仅仅只是从言语上教导他的学生，他自己也正是一个不耻下问、虚心求教的人。

有一回，孔子和学生们驾车去晋国。途中，有一个小孩在路当中堆碎石瓦片玩，挡住了他们的去路。孔子见状下了马车，对小孩说："你不该在路当中玩，挡住我们的车。"小孩指着地上说："老人家，您看这是什么？"孔子一看，原来是用碎石瓦片摆的一座城。但没想到的是，小孩接着又说，"您说，应该是城给车让路还是车给城让路呢？"孔子被问住了，他觉得这孩子很有礼数，便问："你叫什么名字，今年几岁啦？"小孩说："我叫项橐，今年七岁了。"

孔子转身对学生们说："你们看，项橐七岁就懂得礼数，他可以做我的老师啊！"说着，孔子让学生们绕道而行，学生们不禁为孔子的虚心所深深叹服。

读书要读出它的好处

熊十力是我国20世纪重要的哲学家。20世纪40年代，有一位陆军少将叫徐复观，他听到友人对熊十力十分推崇，又亲自看到熊十力的著作，大为佩服，就写了一封信，表示自己有志于做学问，希望能得到熊十力的指教。熊十力就给他回了信，讲了一番治学做人的道理。

有一次，徐复观亲自到熊十力的住处拜访，想向他请教自己应该读些什么书。熊十力就叫徐复观回去读王船山的《读通鉴论》。徐复观一听是《读通鉴论》，就说已经读过了。熊十力只是笑笑，说："你并没有读懂，应该再回去读读。"

过了一些日子，徐复观又来到熊十力的家，告诉他说《读通鉴论》又一次读完了。熊十力就问："你看完了有什么心得呢？"

徐复观觉得自己读得很认真很仔细，不免有些得意地说，书里有很多观点他是不同意的，接着就一条一条地说起来。

还没等他说完，熊十力就怒声斥骂起来："你这样怎么会读得进书！像你这样读书，就算是读了100本书、1000本书，你又能得到这些书的什么益处呢？读书首先是要看出它的好处，再批评它的坏处。这就像吃东西一样，我们只有经过消化才能摄取里面的营养。譬如《读通鉴论》，你应该说的是作者这一段写的是多么有意义，那一段理解得是多么深刻。这些你都能明白理解吗？只有你把这些精华的部分都吸收了，你才能去批评他写得不好的地方。像你这样读书，真是太没有出息，怎么可能还想自己做学问！"

熊十力的这一顿骂，骂得这位陆军少将目瞪口呆——原来读书是要先读出书的好处的！

徐复观突然意识到自己看了这么多年的书，却始终没有迈入学问之门的原因了。熊十力的这一骂对他来说就像是起死回生的一骂。从这以后，徐复观再也不自负聪明了，他改变了读书的方法，重新踏踏实实地看起书来。

后来，徐复观也成了一个有名的学者，他自己出了很多书，为重新检讨和弘扬中国文化做出了很大的贡献。

闻鸡起舞

东晋时期，国家面临着严重的内忧外患，爱国志士们都满怀义愤，纷纷寻求保家卫国的良方。这时有两个默默无闻的年轻人，时常在私底下针砭时弊，议论国事。其中一个名叫祖逖，另一个名叫刘琨。

祖逖家境富足，但他并没有像大多数富家子弟那样成为一个放纵和懒散的青年，恰恰相反，他身处优越生活，却时时刻刻想着帮助他人，甚至瞒着家中兄长悄悄免去一些穷苦人家的债务。此外，他心中念念不忘报效国家，上沙场杀敌。为了警醒自己，他给自己立下了一个规矩，每日半夜便起床到后院练武。

一日，刘琨前来看望祖逖，祖逖便向他讲述了自己的习武计划，并嘱咐家中的厨子杀鸡款待自己的好友。两人正谈得兴起，只听得一声清亮的鸡鸣划破天际。

"出了什么事？"祖逖找来仆人问话。

"少爷，是家中那只老公鸡，我四处堵截都抓不到它，打扰你们谈话了。"老妇人愧疚地用手搓着自己胸前的围裙，生怕打扰到这位对下人十分亲和的少爷。

"不必了，我来你家做客，反倒要害了那只老公鸡的性命，这会让我于心不安的。"刘琨阻止了仆人。

"也对，吩咐厨房多做些素食，放了那只可怜的公鸡吧！每日半夜我起身之时，总能听到它的啼叫之声，正好让它叫我起床，一举两得，何乐不为呢。"祖逖说着就叫仆人退下了，自己继续与刘琨谈论家国大事。

此后，每天天还没亮，伴着一声响亮的鸡鸣，祖逖便风雨无阻地起身习武。经过了许多年，祖逖终于成为了东晋著名的将领，他也不忘告诫那些像他一样有志向的青年，让他们在年轻时多发奋、多努力。

爱书的鲁迅

鲁迅小的时候，爱看书，爱抄书，也爱买书，他把书看得跟宝贝一

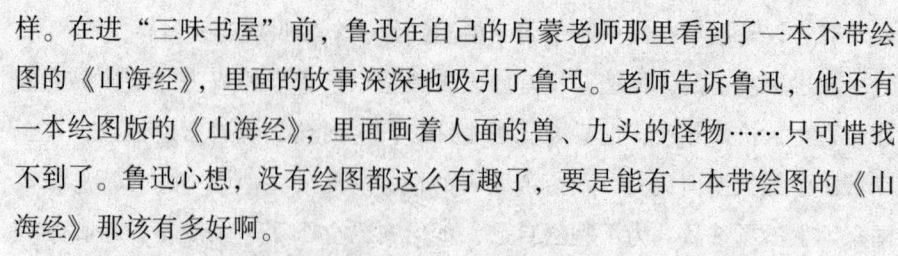

样。在进"三味书屋"前，鲁迅在自己的启蒙老师那里看到了一本不带绘图的《山海经》，里面的故事深深地吸引了鲁迅。老师告诉鲁迅，他还有一本绘图版的《山海经》，里面画着人面的兽、九头的怪物……只可惜找不到了。鲁迅心想，没有绘图都这么有趣了，要是能有一本带绘图的《山海经》那该有多好啊。

回家后，鲁迅对这本书念念不忘，连睡觉时都念叨着它的名字，甚至他的保姆长妈妈也感动了。长妈妈不识字，但是有一回她探亲回来时，竟然设法给鲁迅买回了这本书。一见面，长妈妈就把一包书递给鲁迅，高兴地说："瞧，有画的《山海经》，我给你买来了!"鲁迅接过书，还来不及说声谢谢，就赶紧打开纸包，拿出书本津津有味地看起来。站在一旁的长妈妈看到鲁迅那副如饥似渴的样子，不禁会心地笑了起来。

这就是鲁迅得到的第一本书，也是他一直悉心珍藏的一本书。后来，鲁迅识字渐渐多起来了，他就开始自己攒钱买书。过年的时候，大人们往往会给孩子们一点钱，叫做"压岁钱"。鲁迅每次得到压岁钱后，总是舍不得花，攒起来买书看。

鲁迅不仅爱买书，而且对书籍特别爱护。他每次买书回来，一定要仔细检查是否有污迹，或者是否有装订的问题，如果有问题他是一定要到书店去调换的。有些线装书很容易脱线，他就自己动手改换封面，重新装订。

看书的时候，鲁迅总是把桌子擦得干干净净，生怕把自己的爱书给弄脏了。脏桌子上是不放书的，脏手是不翻书的，这是鲁迅养成的习惯。他最恨用中指或食指在书页上一刮，使书角翘起来，再捏住它翻页的习惯。他还特意为自己准备了一只箱子，把各种各样的书整整齐齐地放在里面，还放了樟脑丸在箱子里，防止虫蛀。

鲁迅小时候养成的爱书如宝的好习惯，贯穿了他的一生。他读过的书浩如烟海。他买的书，仅从《鲁迅日记》上的"书账统计"来看，就有几千册。他收藏的书，总是捆扎得井井有条。鲁迅一生清贫，最大的财产，就是他的这些宝贵藏书了。

晋平公晚年学习当"蜡烛"

春秋末期，晋国有个叫晋平公的君王，他是一位礼贤下士、思求上进的人。在晚年的时候，这位贤明的君王想继续学习一些知识，但是觉得自己年岁已高，再学习已经来不及了，于是左右为难，十分苦恼。

这一天，刚好乐师师旷来了，他也是一位智慧非凡的人。两人聊着聊着刚好就聊到了有关知识的问题。晋平公趁机便向师旷请教："我今年已经70多岁了，年已过古稀，很想学些知识，但是恐怕已经晚了。"师旷故意调侃他说："很晚了，可以点蜡烛学习啊！"晋平公听后不由得生气道："我好心求教于你，你怎么敢这么跟我开玩笑呢？"

师旷示意他不要动怒，然后缓缓地答道："陛下，您误解我的意思了。做臣下的，怎么敢和君王开玩笑呢！我曾经听人这么说过：少年的时候学习，就像刚刚升起的太阳，光芒万丈；壮年的时候学习，就像正午时分的太阳，灼灼发热，照耀万物；而老年的时候学习，则像蜡烛点燃之后发出的亮光。蜡烛的光芒虽然十分微弱，但是相比起不点蜡烛而在黑暗中盲目地摸索，哪个更好些呢？您的岁数虽然大了，但是总比到老后一无所得要强得多吧。学习是永远都不会晚的，只要您真心求学，那些知识所给予您的回馈在任何时候都是无穷无尽的。"

晋平公听后茅塞顿开，他欣慰地笑道："你说得很对！我明白了。与其抱着不学的悔恨和遗憾进入坟墓，还不如趁着这把老骨头还健在时再努力努力。"

晋平公是这么说的，也是这么做的，他用自己的实际行动向所有的青年和老者证明了知识的可贵性，而晋国在他的影响下也成了一个强盛的国家。

万斯同闭门苦读

万斯同是我国清朝初期的著名学者、史学家，他参与编撰了我国的重要史书《明史》，他的史学观念、治学态度对后来人具有深远的影响。可是万斯同小的时候却是一个顽皮的孩子。

万斯同是家里的第八个儿子，父母对他最疼爱，哥哥们对他也都很忍让，这让万斯同变得调皮又任性。有一回，家里来了客人，调皮的万斯同却钻到桌子底下，用剪刀剪坏了客人的衣服，这遭到了客人的严厉批评。万斯同很不服气，心想，我的家里人从来不骂我，你凭什么骂我。于是，一怒之下，万斯同就掀翻了桌子。这让父亲在客人面前丢尽了脸面，父亲觉得是该好好教训教训万斯同了，再这样下去岂不无法无天了？于是，父亲就把万斯同寄养到了一个寺庙里，希望他能好好反省。

到了寺庙，顽劣的万斯同并没有多少改观，还是整天只知道玩耍、搞破坏。寺里的方丈无奈之下，就把万斯同关进了寺里的藏书阁。刚关进去的时候万斯同大喊大叫，可是他喊破了嗓子也没有人来放他出去。藏书阁里除了一架子一架子的书，再也没有其他什么好玩的东西了。无聊至极的万斯同无奈地随意拿了本书来看，可是等他看了一会儿，就被这本书深深地吸引住了，这本书讲述的正是明代的历史。万斯同从来没有想过以前还有一个朝代叫明代，在那个朝代里还发生了这么多有趣的事。他觉得自己就像进入了另一个奇妙世界。越看越起劲的万斯同，接连几个月都窝在藏书阁里，看遍了藏书阁里的几十册有关明史的书。看完了明史的书，万斯同又读了一些藏书阁里的经学类的书。

一年的寄养时间到了，万斯同也整整看了一年的书，等万斯同回到家时，他已不再是当初的那个顽劣孩童了。一天，哥哥正在家里上课，万斯同也想参与进来,哥哥以为他又要胡闹,就说:"还想让父亲送你去庙里吗?"不料,万斯同却说:"我不是要胡闹,我只是看哥哥写的文章,觉得写得太简单了。"哥哥一听这话,感到很吃惊,说:"既然这样,那么我倒要考考你。"于是,哥哥就出了一道题目。没想到,万斯同洋洋洒洒就做成了一篇长文章,看得哥哥嘴巴都合不上了,连声称好。哥哥拿着万斯同的文章给父亲看,父亲看了大为惊喜:"没想到我的孩儿还有这等才华!"当天,父亲就给万斯同买了新衣新鞋,送他到私塾念书去了。

后来,万斯同又跟着梨洲先生学习,在那里学得很好。万斯同读书就像是海绵吸收水分,唯恐读得不多,但他并不盲目,他认为那些没有价值的书就不看,自己也不做没有价值的文章,所以最终他成了一个有修养的大学问家。

林肯的台阶

一个一周岁左右的小男孩,被年轻的妈妈牵着小手来到公园的广场前,要上十几级台阶。小男孩却挣脱开妈妈的手,他要自己爬上去。他用胖胖的小手向上爬,他的妈妈也没有抱他上去的意思。当爬上两级台阶时,他就感到台阶很高,回头瞅一眼妈妈,妈妈没有伸手去扶他的意思,只是眼睛里充满了慈爱和鼓励。小男孩又抬头向上瞅了瞅,他放弃了让妈妈抱的想法,还是手脚并用小心地向上爬。他爬得很吃力,小屁股抬得老高,小脸蛋也累得通红,那身娃娃服也被弄得都是土,小手也脏乎乎的,但他最终爬上去了。年轻的妈妈这才上前拍拍儿子身上的土,在那通红的小脸蛋上亲了一口。

这个靠着自己力量爬上台阶的小男孩,就是后来成为美国第十六届总统的林肯。

林肯的父母都是垦荒者，收入很低，家境极为贫穷。一日三餐，勉强充饥，根本没有钱买玩具、连环画和书。父母白天到外面去劳动，晚上才能回家。性情温和、对林肯疼爱有加的母亲在林肯九岁时得病去世了，但她用坚强而伟大的母爱抚养了林肯，使他勇敢而坚定地走向未来。为了减轻家庭负担，林肯从小就帮助父亲砍树、种田，或是替邻居做杂工赚钱来补贴家用。林肯每天都要去野外捡树枝、挖树根、弄柴火，并把它们背回家，堆到住室的旁边，以供全家做饭和取暖之用。

　　由于生活贫苦，林肯小时候只上了四个月的小学就辍学了。此后断断续续接受过的正规教育，总共加起来还不足一年。但林肯从小就养成了热爱知识、追求学问、善良正直和不畏艰难的好品质。林肯后来具有的丰富知识，是他长期刻苦自学获得的。他买不起纸和笔，就用木炭在木板上写字，用小木棍在地上练字。他抓紧一切时间看书学习，练习讲演。

　　长大后的林肯当过工人，做过律师，还曾失过业，尽管生活处处不如意，可林肯仍然觉得自己应该有更大的作为。从他29岁起开始竞选议员和总统，前后尝试过11次，失败了9次。可这都没有让他气馁，在他51岁那年，他终于问鼎白宫当上了总统，并大有作为。谁能想到当初一个农民的孩子，一个穷小伙会被后来的马克思称之为"全世界的一位英雄"！这正是林肯胸怀大志、坚持不懈的结果。

好问的伽利略

　　伽利略是意大利著名的物理学家、数学家和天文学家。他不仅发明了比重秤、空气温度计、伽利略望远镜，还发现了摆动定时性和自由落体定律，并且证明了哥白尼的日心说。

　　伽利略从小就多才多艺，他会画画、弹琴，会制造各种各样的机动玩具，又非常喜欢数学。他本可以成为一个大画家或者大音乐家。但是，他更爱自然科学，他的心中总是充满了各种各样的问题。他老是问父亲，为什么烟雾会上升？为什么水会起波浪？为什么教堂要造得顶上尖、底下大？伽利略少年时代提出的许多个为什么，后来都由他自己找到了答案。

稍稍长大以后，伽利略的疑问就更多了。他深入钻研亚里士多德的著作，常常陷入沉思之中。他想，亚里士多德的许多理论并没有经过证明，为什么要把它们看做是绝对真理呢？

17岁那年，伽利略考进了比萨大学医科专业。他还是一如既往地喜欢提问题，不问个水落石出决不罢休。有一次上课，一位教授在讲胚胎学。他讲道："母亲生男孩还是生女孩，是由父亲身体的强弱决定的。父亲身体强壮，母亲就生男孩；父亲身体衰弱，母亲就生女孩。"教授的话音刚落，伽利略就举手说道："老师，我有疑问。"教授早就见识过伽利略的好问，于是很不高兴地说："你提的问题太多了！你是个学生，上课时应该认真听老师讲，多记笔记，不用胡思乱想，动不动就提问题会影响同学们学习！"

"这不是胡思乱想，也不是动不动就提问题。我的邻居，男的身体非常强壮，可他的妻子一连生了五个女儿。这与老师讲的正好相反，这该怎么解释？"伽利略没有被教授吓倒，继续反问。

"我是根据古希腊著名学者亚里士多德的观点讲的，这不会有错！"教授搬出了理论根据，想压服伽利略。可伽利略继续说："难道亚里士多德讲的不符合事实，也要硬说是对的吗？科学一定要与事实相符，否则就不是真正的科学。"

教授被问倒了，伽利略也因此受到了校方的批评，而后来的科学事实证明，亚里士多德的说法的确是错的。伽利略勇于坚持、好学善问、追求真理，正因为这样，他才最终成为一代科学巨匠。

第二章
做学问没有捷径

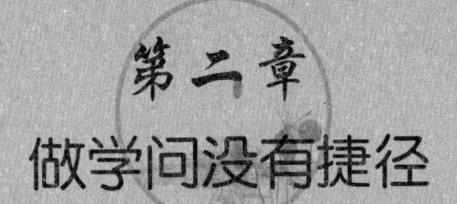

人们做学问，没有捷径可走，没有顺风船可驶，只有勤奋和刻苦才是唯一的路径。这正应了"书山有路勤为径，学海无涯苦作舟"。

三余读书

三国时期，魏国有一个人叫董遇，他为人朴实敦厚，又十分爱学习。董遇自幼家境贫寒，跟哥哥生活在一起，为了补贴家用，他很小时就跟着哥哥一起上山砍柴。董遇说话有些口吃，为了克服这个毛病，他每次和哥哥一起去砍柴时，总是带着本书，一到空闲时间，就对着山野大声诵读。时间一久，哥哥不禁有些不满，他就对董遇说："你整天叽里咕噜的说些什么东西，吵死人了，专心点砍柴吧，砍不到柴我们饭都没得吃了！"尽管如此，董遇还是每天坚持念书，渐渐地克服了口吃的毛病，知识也越来越渊博了。

董遇对《老子》很有研究，后来干脆自己给《老子》作了注释，希望能帮助读《老子》的人更好地理解这本书。另外，他对《春秋左氏传》也下过很深的功夫，根据研究心得，他写成了《朱墨别异》。董遇的这两本书一问世，便引起了轰动，大家都十分佩服董遇的学识。一些书生纷纷上门求教，希望能拜董遇为师，跟着他研究学问。可是，董遇说什么也不肯收徒。有拜师的书生就说："董先生既然不肯收我们为徒，那就跟我们说说你做学问的方法吧！"

董遇只淡淡地说："所有的学问和方法都在书本里，你们只要把书读上100遍，它里面的意思自然就会显现出来，就没有什么不懂的了。"那些书生纷纷点头称是，说："先生说的对啊，我们也懂得这个道理，可我们哪来那么多的时间把每本书都念上100遍呢？"董遇就说："怎么会没有时间呢，你们大可以利用'三余'时间啊！"这下众人更不解了，忙问："先生说的'三余'时间是指什么呢？"

董遇看了看大家，一字一顿地说："冬者，岁之余；夜者，日之余；

阴雨者,时之余。冬天是一年里的业余时间,你想,冰天雪地没有农活,不正是读书的好时间吗?夜间是一天里的业余时间,晚上大家都忙着休息,可这不也是读书的好时间吗?还有阴雨之天,到处是泥泞,不能出门,更是在家读书的好时间!"

那些书生听了董遇的话不免惭愧难当,是啊,时间都是挤出来的,应当利用一切可以利用的时间来读书学习才是。而董遇正是充分利用"三余"时间,勤勉一生,后来还成了汉献帝的侍讲官,被后人称为"儒宗"。

居里夫人发现"镭"

居里夫人是享誉世界的科学家,她一生曾两次获得诺贝尔奖。她对于世界的一大贡献就是发现了"镭"这种放射性元素。可是,居里夫人发现"镭"却经历了一个无比艰难的过程。

在居里夫人发现镭元素之前,人们刚刚知道有一种稀有金属叫铀,它能发出具有穿透能力的射线,也就是x射线。一次,居里夫人在用仪器观测一种沥青铀矿时,发现里面还有一种放射能力很强的元素,她隐约觉得这可能是一种新元素。于是她就把自己的想法跟同是科学家的丈夫说了,两个人欣喜异常,决定把这种新的元素提炼出来。

可是,那时居里夫妇没有资金,没有专门的实验室,他们只好把自己家的一个仓库改造成了实验室。这间实验室冬天冷夏天热,没有地板,只有一个坏了烟囱的火炉子,四张长短不齐的凳子和一块破旧的黑板。可就是在这里,居里夫妇开始了他们艰苦的实验。为了节省费用,他们没有去购买昂贵的沥青铀矿,只是购买了大量提炼过铀的沥青铀矿残渣。他们在院子里架起了专门的提炼设备,因为在户外工作,所以他们夏天要顶着大太阳,冬天又冻得直发抖,如果遇到下大雨,还得手忙脚乱地把沉重的机器搬到屋里。

这些困难都没有让居里夫妇退缩，他们全身心地投入到了工作当中。每天，他们都要穿着沾满灰土、染着各种液体的工作服，站在锅旁，守着锅中沸腾的矿物，不停地用手中的铁棍搅动。这是非常单调的工作，更让人难以忍受的是，锅里冒出的煤烟和有毒气体还刺激着居里夫妇的眼睛和嗓子。他们经常是提炼完一锅残渣，眼睛通红，嗓子都说不出话来。这样的艰难工作，他们还是日复一日，年复一年地做，整整做了三年零九个月。途中，丈夫也曾想过放弃，因为实在是太艰苦了，可是居里夫人说："不，我绝不会放弃，相信我们一定会成功的！"

功夫不负有心人，经过近四年的艰苦实验，居里夫妇真的从成吨的沥青铀矿残渣中提炼出了0.1克的镭。当他们在自己简陋的实验室里，看到黑暗中镭闪烁着萤火似的蓝光时，他们泪流满面，相拥而泣。

镭的发现震惊了当时的科学界，居里夫人的名字也一下子受到了大家的关注。可是，居里夫人还是一如既往，怀着对科学的热忱，进行着艰苦卓绝的工作，之后又发现了新元素钋。鉴于她对科学的杰出贡献，她获得了两次诺贝尔奖，被视为科学家的楷模。

铁杵成针

李白是唐朝大诗人，号青莲居士，被称为"诗仙"。但他小时候也曾不爱学习。

一天，李白又没有去上学，在街上东溜溜、西看看，不知不觉到了城外。暖和的阳光、欢快的小鸟、随风摇摆的花草使李白感叹不已，"这么好的天气，如果整天在屋里读书多没意思？"

走着走着，在一个破茅屋门口，坐着一个满头白发的老婆婆，正在磨一根棍子般粗的铁杵。李白走过去,"老婆婆,您在做什么?"

"我要把这根铁杵磨成一个绣花针。"老婆婆抬起头,对李白笑了笑,接着又低下头继续着。"绣花针?"李白又问:"是缝衣服用的绣花针吗?"

"当然!"

"可是,铁杵这么粗,什么时候能磨成细细的绣花针呢?"

老婆婆反问李白:"滴水可以穿石,愚公可以移山,铁杵为什么不能磨成绣花针呢?""可是,您的年纪这么大了?"李白百思不解。

"只要我下的功夫比别人深,没有做不到的事情。"老婆婆回答道。

老婆婆的一番话,令李白很惭愧,于是回去之后,再没有逃过学。每天的学习也特别用功,终于成了名垂千古的诗仙。

华佗学医

华佗是东汉末年著名医学家,他医术全面,尤其擅长外科,精于手术,被后人称为"外科圣手"。

华佗很小的时候就失去了父母。因为母亲是患病而死,所以华佗发誓,长大以后一定要做个医生,治好患者的病。于是,他踏上了学医的道路。

听说某座山的一个寺庙里住着一位长老,此人医术高明。于是华佗出了京城,风餐露宿,跋山涉水,赶往那座山,想拜长老为师。走了一个月左右,他终于到了那座寺庙。但由于过度劳累,刚到寺庙就晕倒了。

那位长老救了他并收他为徒。长老开始让华佗干些粗活,但华佗做什么事都全心全意,没有半点抱怨的话。后来,华佗发现,长老把自己的医术的精华和心血都写成了《医案》,于是他总是找准时机尽量看上几眼。长老正在看《医案》,华佗见了,急忙抢过小徒弟给长老端的洗脚水,冲上了楼。他一边给长老洗脚，一边悄悄地看着《医案》，长老猜透了他的心思，于是说："华佗啊，你想看这本书就拿去吧！"华佗大喜过望，他顾不得给长老洗脚了，拿起书便冲下楼去。

经过一段时间的学习，华佗的医术大有长进，但他还是虚心求学。长老也时不时带他去给村民看病。

一天，华佗在看《医案》。一个小徒弟跑过来大声说道："华佗，长老生病了！"华佗急急忙忙地跑上楼，摸着长老的脉，华佗的脸逐渐从紧张到放松。原来，长老没生病，而是在试探他的医术呢！当华佗下楼后才发现《医案》被蜡烛的火烧了半边了。他急得像热锅上的蚂蚁，在屋子里团团转，于是，他凭着自己的记忆重新默写了《医案》。

第二天，长老说："华佗，那本书带来了吗？"华佗把自己抄写的那本给了长老，他说："长老，这不是原来的那本，这本是我凭记忆重新默写的，原来那本已经被烛火烧了。"长老一看，微微一笑，说："华佗，你真是过目不忘啊！"原来那本《医案》并没有被烧毁，而是长老在试探他呢！华佗行医多年，为百姓治病，成了人人夸赞的"神医"。

苏东坡改诗

苏东坡是宋朝有名的大诗人，可是，尽管他满腹的才气，为人却十分平和，写起东西来更是认真严谨，一丝不苟。

有一次，他受邀到王安石家里做客。那时候，文人之间相互拜访，常常是为了交流学问，苏东坡当然也不例外，况且王安石还是当朝丞相，于是他进门不久便要求翻看王安石的大作。翻到其中一页时，苏东坡不禁感到非常奇怪，只见里面写着："明月当空叫，黄犬卧花心。"

咦！这明月又不是活物，是如何叫的呢？而最奇怪的是这黄犬那么大，怎么可能卧在花心呢？唉！看来，就算像王安石这样的大文人，也容易犯错啊！苏东坡边想边摇头，马上提笔在那页改道："明月当宅照，黄犬卧花根。"这么一来，总该万无一失了。

苏东坡性格豪爽，就算面对的人是当时的丞相，他也直言不讳，因而他在临走前还是忍不住对王安石说道："丞相恐怕是太过操劳了，明月怎么能叫出声来呢，而一朵花怎么能承受一条黄犬的重量呢？"王安石听完后，只是意味深长的一笑，并没有多说什么。

几年后，苏东坡因故被贬到了黄州这个地方。黄州位于今天的湖北省境内，那里虽然偏远凄苦，但是人物景观各有特色，东坡先生渐渐忘记了官场失意的忧虑，开始安心地度日。

某一日，苏东坡外出游玩，刚好遇到几个当地的老百姓，他们正在讨论今年的收成。这时恰巧有只鸟儿过来啄庄稼吃，有个农夫就拿着竹竿生气地吆喝："该死的明月，该死的明月，叫你贪嘴！"东坡先生觉得十分奇怪，一问之后才知道，原来明月是当地的一种鸟，因为长得十分美丽而得名。又过了一段时间，苏东坡看到两个小孩子在花间嬉戏，玩得十分开心。他童心大发，便问他们在干什么，其中一个小孩子答道："我们在捉黄犬。"苏东坡接口问道："这里怎么会有黄犬？"另外一个稍大的男孩子笑着答道："先生不知道吧，黄犬是我们这里的一种蜂儿啊！"到了这时，苏东坡才猛地想起王安石的那两句诗来，不禁惭愧难当，也暗暗叹服起王安石的见识广博。

从此以后，苏东坡对于学问的态度更加严谨了，没有亲眼见过、亲耳听过的事物再也不会妄加评论了。

卖油翁

陈尧咨是北宋时期的一位大臣，这位大臣有一个坏毛病，那就是性情

刚戾，对待别人总是盛气凌人，非常骄傲自大。他的射箭技术十分了得，常常用一个钱币作为靶子，然后将箭从钱币的圆孔中射出。这让他非常得意，觉得世上再没有第二个人比他更厉害的了。

这天，陈尧咨又在自家的场地里射箭取乐。只见他拉满弓，眼睛像鹰眼一样敏锐地看着远处的靶子，只听嗖的一声，一支箭出去了，紧接着嘭的一声，那支箭已经直直地插在靶子的中心红点上了。有个卖油的老翁挑着担子刚好经过陈尧咨射箭的场地，他看到刚刚陈尧咨那支箭射得确实漂亮，就放下担子，站在一旁，眯缝起眼睛饶有兴致地看了起来。陈尧咨看旁边有人观看自己射箭，就更加得意起来，决定再表演表演，让这个老翁开开眼，好赞赏他一番。于是，陈尧咨又连续射了好几支箭，这几支箭射得也是异常精准，每一支箭都正中靶心。陈尧咨转过头来看老翁，他满以为自己会看到老翁目瞪口呆的样子，可是谁料到，一旁的卖油老翁只是摸着胡子，微微地点了点头，接着就挑起担子准备离开了，什么话也没讲。

这可把陈尧咨气坏了，他连忙叫住了卖油的老翁，大声问道："我说老人家，你也懂射箭吗？难道我刚才的箭射得不好吗？"老翁见被叫住了，索性又放下了担子，笑着说："你射得很好，可也就是熟能生巧罢了。"这话一出，陈尧咨气不打一处来，想想自己射技超群，举世无双，多少人赞叹不已，却被这老头说成只是熟能生巧，他强忍着怒火，反问道："老人家，你这话说得轻巧，我看你是老眼昏花了吧，不懂射箭就别乱说话，还是安分卖你的油去吧！"

老翁不急不气，仍然只是笑笑，说："我是不懂得射箭，我只是根据我卖油的经验知道的。"陈尧咨骂道："老人家，这卖油和射箭可是沾不上边的啊，我念你是老人家，对你一忍再忍，你可别不识相啊。"老翁说道："老头子我活了大半辈子，也卖了大半辈子的油，其他的说不上，可这点道理我却是懂的。"说着，老翁从担子里拿出了一个葫芦，放在地上，又从口袋里拿出一个带孔的铜钱放在葫芦细小的口上。他用瓢子从担里舀了一瓢油，接着看似极其随意地将油倒了下来。只见那油连成一条细长的丝从铜钱的孔中穿过，直接注入到了葫芦里，等那一瓢油全部倒光，铜钱没沾上一点油迹。一旁的陈尧咨看得目瞪口呆，半天说不上话来，为刚才对老翁的无礼感到惭愧难当,他问老翁道:"老人家,你这是怎么做到的,简直不可思议。"只见老翁一边收拾家什,一边淡淡地说道:"这没什么好不可思议的,我也不过是熟能生巧罢了。"说完,老翁挑起担子就离开了,留下陈尧咨若有所思地站在原地。

再难的事,只要我们不断练习、不断实践,日久天长,必定会熟能生巧。卖油翁的一句"我亦无他,唯手熟耳",看似轻松,其实包涵着大智慧。同时,这个故事还告诉我们,不要自满自大,只有勤奋、努力,才能真正掌握工作的全部内容与真谛,也才能达到自己所想达到的理想境界。

问路

有一位年轻人平日里喜欢爬山,有一次他来到了一个陌生的地方,那儿有一座高山,去爬山的人络绎不绝。这让年轻人心里痒痒的,第二天就出发准备爬上这座高山,一睹山上的风景。

年轻人来到了山脚下,查看后,发现通向山上的路有三条。因为是第一次来此地,他不知道应该走哪条路。年轻人朝四周看了看,在山脚的地方有一个小亭子,亭子里有一位卖茶水的老大爷。于是,年轻人就兴冲冲地走到老大爷面前,很有礼貌地问道:"老大爷,我想上山,该走哪条路呢?"

老大爷缓缓地抬起右手,伸出三个指头,说:"左、中、右三条路,都可以走,小伙子,你想走哪一条路呢?"

年轻人转身看了看那三条路,回答说:"老大爷你看哪条路近一点,我想走近一点的路。"

"那你走左边的路吧。"老大爷说着,指了指左边的那条路。

年轻人听完老大爷的指点,二话没说,就走向了左边的路,向山上爬去。

可是不多久，年轻人又出现在了老大爷面前，气喘呼呼，满头大汗，只听他抱怨着说道："老大爷，这左边的路坎坷不平，连个台阶都没有，太难爬了，我爬了没一会儿就累得不行，你看右边的路和中间的路哪条路好走一点，远点也没事。"

老大爷听完年轻人的话，指了指右边的路，笑着说："小伙子，那你走右边的路吧。"

年轻人听完老大爷的指点，休息了一会儿，就转向了右边的路，再次向山上爬去。

可是谁也没有料到，没有多久，小伙子又站在了老大爷面前，他的裤子已经被勾破了，手上也是长条的血痕。这回，小伙子有点生气了，他对老大爷说："老大爷，你怎么不早点跟我说，这右边的路满是荆棘丛，害得我衣服都破了，手也被划破了，可痛死我了。你就不能给我指条平坦的，好走一点的路吗？"

老大爷不但没有怪年轻人的无礼，反而意味深长地笑着说："小伙子，去山上的路没有平坦的，无论选择哪条路上去，都是非常困难的，就看你有没有意志要爬上去了。"

年轻人一听，顿时满脸通红，这回他没有再问，背起背包，转身向中间的那条路走去，这一次他知道不管前面是什么，他都要一步一步坚定地向上爬去。

生花妙笔

江西抚州的王安石很小的时候就胸怀大志，等他长大了，他就背上行李书箱从家乡临川，来到宜黄鹿岗芗林书院求学。他知道这里有一位名师杜子野先生，他想拜在他门下，学习写文章。在杜子野先生的指导下，王安石勤奋苦读，每天都读到深夜。

一天，王安石翻阅王仁裕的《开元天宝遗事》，这本书里面说，当年李白梦见自己所用的笔头上生出了一朵美丽的花，此后就才思横溢，最终名闻天下。看到这儿，王安石十分不解，就拿着书问杜子野先生："先生，人世间难道真有生花妙笔吗？"

杜子野微微一笑，又看似非常严肃地说道："当然有啊！事实上，我们用的笔，有些笔头会生花，而有些笔头却不会，只是我们的肉眼难以分辨罢了。"

王安石见杜子野先生如此认真，就接着问道："那么先生，你这么博学，才思敏捷，应该也有支生花妙笔吧，你能借给我一支吗？"

于是，杜子野让王安石稍等一会儿，自己则去了书房，等他回来时，手里拿着一大捆毛笔，他有些沮丧地对王安石说："这里有999支毛笔，其中有一支是生花妙笔，可究竟是哪一支，连我也辨不清楚了。你真想要的话，就全都拿去吧，自己好好找找，找到了就当是老师送给你了。"

王安石接过杜子野先生手中的那一大捆毛笔，连忙躬身俯首道："谢谢先生，只是学生眼浅，怎么样才能辨别出生花妙笔呢，还请先生不吝指教！"

杜子野摸着胡须，沉思片刻，说道："你只有用每支笔去写文章，写秃一支再换一支，如此一直写下去，当你发现用哪支笔写文章，文思如泉涌时，那么这支笔定是生花妙笔了。除此之外，我想没有别的办法了。"

打那天起，王安石听从杜子野先生的教导，每日苦读诗书，勤练文章，足足写秃了500支毛笔。可是王安石觉得用这些笔写出来的文章仍然一般，他不免有些泄气，因为这意味着他还是没有找到"生花妙笔"。于是，王安石又去问杜子野先生说："先生，我都写秃了500支毛笔了，怎么还没有找到那支生花妙笔呢？"听着王安石的抱怨，杜子野没有说什么，饱蘸墨汁，挥笔写了"锲而不舍"四个大字送给他。

又过了好久，王安石把先生送给他的998支毛笔都写秃了，仅剩一支。一天深夜，他提起第999支毛笔写了一篇《策论》，突然，他觉得文思潮涌,行笔如云,一篇颇有见地的《策论》一挥而就。他高兴得直跳了起来,大声喊:"我找到生花妙笔了!"

从此,王安石用这支"生花妙笔"习文写字,接着乡试、会试连连及第,最后还当上了丞相。他用这支笔还写了许多改革时弊、安邦治国的好文章,被后人列为"唐宋八大家"之一。

心正则笔正

唐朝有位著名书法家叫柳公权,他很小的时候就显示出在书法方面的过人天赋。有一次,柳公权和几个小伙伴一起比赛写字,看谁的字写得更好些。一个卖豆腐的老人经过时,看到了这些小孩子写的字。当他看到柳公权写的几个字"会写飞凤家,敢在人前夸"时,他觉得这孩子有些太骄傲了,不免皱了皱眉头,就说:"我看这字写得并不好啊,就像我的豆腐一样,没有筋骨,这还值得在人前自夸吗?"柳公权一听,很不高兴地说:"你有本事,写几个字给我看看。"

老人爽朗地笑了笑,说:"不敢,不敢,我只是一个粗人,写不好字。可是,有人用脚都能写出比你好得多的字呢!不信,你到华京城看看去吧。"

第二天,柳公权很早就起来,一个人去了华京城。因为他心里有些不服气,要看看那个卖豆腐的老头说的话是不是真的。他一进华京城,就看见一棵大槐树下围了许多人。小孩子好奇心最盛,他也挤了进去,只见一个没有双臂的老头赤着双脚坐在地上,左脚压纸,右脚夹笔,正在挥洒自如地写对联。柳公权一看那字,笔迹龙飞凤舞,又像是群马奔腾,围观的人们发出阵阵喝彩。

等人们都散了,柳公权还迟迟不肯走,他"扑通"一声跪在了老人面前，说："老人家，我愿意拜您为师，请您告诉我写字的秘诀吧！"老人慌忙用脚拍拍柳公权说："我是个孤苦的人，因为没有手，只得靠用脚写几个字混生活，怎么能当你老师呢？"在柳公权苦苦哀求下，老人才在地上铺了一张纸，用右脚写了几个字："用笔在心，心正则笔正。"

柳公权把老人的话牢牢记在心里，从此发奋练字。练得手上磨起了厚厚的茧子，衣肘那里的布补了一层又一层。几年之后，柳公权终于成了一代大书法家。他不仅字写得好，为人也和他的字一样，铁骨铮铮、刚正不阿。

第三章
开启智慧的大门

人生需要智慧，拥有智慧的人凡事力求简洁，直截了当，切中要害，他们对事物有自己的独特见解，从来不会随波逐流，这是一种睿智，人生在世总是要有所追求的，不管是什么样的人，不管你生活在社会的哪个阶层，都在追求着自己的梦想，而梦想的成功离不开智慧的力量。

王勃一字值千金

公元667年，初唐诗人王勃从京都长安来到了南昌。这年重阳节，南昌都督阎伯舆在滕王阁上大摆宴席，邀请远近文人学士为滕王阁题诗作序，王勃自然是其中宾客之一。在宴会上，王勃写出了著名的《滕王阁序》，还写了一首序诗：闲云潭影日悠悠，物换星移几度秋。阁中帝子今何在？槛外长江□自流。

写完之后，王勃就带着下人匆匆离开了宴席，走向江边乘船离开。阎都督看了王勃的序文，大为赞叹，可当他看到最后那首序诗时，不禁惊奇地叫道："慢着，怎么这首诗的最后一句话空了一个字没有写上？"那些宾客也纷纷围了过来看，果然，纸稿上诗的最后一句话空着一个字。阎都督说："你们说是不是我刚才在宴会上轻慢了王诗人，所以他才故意空了一字为难我们，好让我们猜猜这个字是什么？既然这样，大家就来猜猜看吧。"那些宾客学士们你看看我，我看看你，有人说"槛外长江□自流"空的是一个"独"字，也有人说是"船"字，还有人说是"水"字。阎都督听了都不满意，说："'独'字太浅显，一点也不合王诗人的意境；'船'字太俗气，根本不足以谈论；'水'字又太显露，没有一点诗意。"那些宾客都不说话了，只是看着那首诗，突然，阎都督喊来了仆人，问道："这个时候王诗人的船开到哪里了？"仆人说："差不多到丰城了。"阎都督马上下令说："你们赶紧追上王诗人，就说都督愿意用千两黄金求他这一个字。"

仆人快马加鞭，终于追上了王勃，等他说明了来意，王勃笑了起来，说："我怎么敢戏弄都督大人！我把这个字写在你手心，你见了都督才可以摊开手掌，切记切记，要不然这个字就会不翼而飞的。"说着，王勃就要了一支笔，并不蘸墨水，在仆人的手心画了一阵，让他握着拳。仆人听从了王勃的话，握着拳就一路赶回。

仆人回到府上，在都督面前摊开手掌，但是手心上竟然空无一字。都督自言自语地说道："怎么会空无一字呢？哎，真是千两黄金也难买一个字啊！"但是他突然猛地一惊，难道这空着的这个字就是"空"字。

"简直太妙了，好一个'空'字！"阎都督不禁拍案叫绝，"阁中帝子今何在？槛外长江空自流。空着不写，就是'空'字啊，一字千金，王诗人不愧是奇才啊！"

骡子和驴子

"得儿——驾！得儿——驾！"

这是什么声音呢？原来是一位商人正赶着一头驴子和一头骡子走在路上。只见两个家伙的背上都各自驮着重重的货物，这位商人正打算把这些货物运到下一个集市去卖掉。

驴子比起骡子来，个头要小一些，在平地上走着也还凑合，可一到山路上可苦了，它没骡子有劲儿，并且这天还生着病，看着旁边的朋友走得那么有活力，它感觉背上的货物更沉了。

"喂，老伙计，我说，"驴子开口向骡子求救道，"我实在是扛不动了，你能帮我分担一些吗？我会感激你的。"

"哦，朋友，我想你还不了解现状，我背上的东西可比你背上的要重得多。"骡子漫不经心地答道。

"不，老伙计，我病了，并且病得很重，求求你发发善心吧！"驴子哀求道。

可是骡子呢，继续大阔步朝前走着，连看都没看可怜的驴子一眼。

果然，翻过了那座小山，驴子就倒地一命呜呼了！

"唉，真是个可怜的家伙，但是我可不能为此耽误生意，这张驴皮可是好东西！"说罢，商人就把原先驴子身上的东西统统放在了骡子的背上，另外还加上了一张驴皮。

这下，骡子可是哑巴吃黄连，有苦也难言。他想起刚才驴子三番五次的请求，都被自己无情地拒绝了，连丝毫的余地都没有留下，不禁悲从中来。它边走边呻吟着说："要是刚才帮了驴子一把，我就不会落到现在这样的下场了，真是得不偿失！"好不容易赶到了集市上，骡子就累得瘫倒在地上了。

梁上君子

东汉时期，有个人叫陈寔。他不仅有学问，而且品德高尚，人们都非常敬重他。有一年，陈寔的家乡遭了洪水，成千上万的人无家可归，田里的粮食也都被大水淹没了，一些实在生活不下去的人就开始做起了偷盗的行当。

一天夜里，有个小偷悄悄溜进了陈寔家里。刚刚准备动手偷东西，忽然听到了门外的脚步声，他吓坏了，想逃出去已经来不及了。这可怎么办？小偷环顾了一下房间，情急之中他就顺着房间的柱子爬上了房梁。这时陈寔提着灯笼进来拿点东西。就当他要转身离开的时候，突然看到房梁上垂下来一片衣襟，他把灯笼轻轻移动，瞥见房梁的影子竟然趴着一个人。陈寔很快就明白家里进贼了。

陈寔一点都不惊慌，也不急着喊叫抓小偷，而是叫了下人来，让他去把家里的晚辈们全部叫起来，说是有重要事情跟他们说。等昏昏欲睡的众人来到房间里后，陈寔就语重心长地对他们说："我半夜叫你们来，是让你们能够把我今天说的话记得更深刻一点。你们一定要牢记在心，做人一定要有好的品德，在任何情况下，都应该严格地要求自己，不能因为任何借口而放纵自己，走上邪路。坏人也并不是一出生就是坏人，只是因为他们不能严格地要求自己，所以慢慢地养成了不好的品德，这才成为坏人。比如我们家房梁上的那位君子，就是这种情况，我们可不能因为一时的贫困而丧失志气啊！"

众人正听得云里雾里，可房梁上的小偷早已惭愧难当。他这才知道原来自己早被陈寔发现了，只是陈寔不但没有抓他，反而耐心地教育他。当众人抬头看房梁时，上面果真趴着一个人。小偷从梁上跳了下来，向陈寔磕头说："老爷，您说得太好了，我知道自己错了，以后再也不做这种偷盗的事了，您放我这一回吧。"陈寔扶起小偷，和蔼地说："看你的样子也不像坏人，想是被贫困所迫。可是你也要记住我今天说的话，现在要改还来得及。"说完，陈寔吩咐家人拿来一些吃的、穿的送给了小偷。

这件事传出去以后，这一带就再没有发生偷盗之类的事情了。

曹冲智救库吏

曹操南征北战多年，他有一件非常珍爱的战衣，每次打仗的时候一定得穿这件战衣，平时不用的时候就让一个库吏妥善保管。

有一天，库吏像往常一样去仓库清理物品，当他走到那件战衣面前时，顿时惊呆了。原来那件战衣在夜里被老鼠咬破了，这可是曹操最珍爱的战衣啊。库吏恐惧万分，他知道曹操怪罪下来，自己这条小命肯定就没了。想来想去，库吏最后决定把自己捆起来，主动去曹操面前请罪，希望能减轻罪责。

曹操有一个小儿子叫曹冲，深受曹操喜爱。曹冲从小机灵，而且很善良。小曹冲这天跑到仓库里来找库吏玩，却看到库吏瘫坐在地上，一脸悲伤。小曹冲就问他出什么事了。于是，库吏就把战衣被老鼠咬破的事告诉了曹冲，而且还告诉他自己的决定。小曹冲听了之后，不免也为库吏感到伤心，他想了一会儿，就对库吏说："你先不要到我父亲那里去请罪，也不要声张，你看我的。"说着，小曹冲凑到库史的耳边低声说了几句话，然后就走开了。

  第二天，小曹冲趁身边无人，就用小刀把自己的一件单衣胡乱地割了几个小洞，弄得像是被老鼠咬的一样。小曹冲见父亲正在花园里散步，就赶紧穿上那件破衣服，装出很伤心的样子，来到曹操跟前。曹操看到自己心爱的儿子脸色这么难看，就忙问是怎么回事，是不是生病了。小曹冲哭着扑到父亲怀里，指着衣服上的破洞说："父亲，人们都说，谁的衣服让老鼠咬了，谁就不吉利。昨晚我的衣服被老鼠咬破了，看来我是要遭受大难了。"曹操一听，拍拍曹冲的脑袋，笑着安慰他说："傻孩子，这都是些无稽之谈，不要信它。高高兴兴地玩去吧，别再为这事苦恼了。"曹冲又接着说："可是我没有好好珍惜这件衣服，要是我知道有老鼠，应该把衣服放得好些的。"曹操说："傻孩子，晚上睡着了，谁能知道老鼠会来啊，下回当心点就是了。"

  就在曹操和曹冲讲话的时候，那库吏手捧着战衣，哆哆嗦嗦地走了过来，扑通一声跪到地上，声音颤抖地把战衣被老鼠咬坏的事禀告了曹操，请求曹操严惩自己。曹操听完库吏的话，又看看怀里的曹冲，他什么都明白了，他非但不怪，反而哈哈大笑，对库吏说："小冲儿的衣服放在身边都被老鼠咬破了，何况那挂在仓库里的战衣呢？你回去吧，以后看管库房小心点就是，可不准有第二次了。"就这样，聪明善良的小曹冲为库吏解除了一场大难。

从苹果到万有引力定律

牛顿是一位赫赫有名的科学家，他出生于1642年的圣诞节，出生在英国的林肯郡的一个农民的家庭中，牛顿对于光学、数学等领域，以及对于运动定律和万有引力的发现，皆做出了重大的贡献，其中任何一项都可以使他名垂青史。牛顿是近代自然科学的奠基人，在科学发展史上占有非常重要的地位。而他的成绩都来自他爱思考的习惯。

有一天，牛顿由于长时间埋头工作，感到有些疲倦了，他就坐在苹果树下的长凳上观赏田野秋色。在他休息的时候，他不由得又想起了引力之谜，思维翻腾起来。突然间，一个熟了的苹果从树上掉了下来，砸到了他的头上。熟了的苹果为什么会向下掉？是什么原因呢？地球在吸引它吗？扔到空中的石头也要向下掉，是不是也是地球在吸引它呢？牛顿苦苦地思考着。最后他确定是地球的引力，地面上的东西都要受到地球的吸引。由此他想到了月亮之所以会绕着地球转，也是因为地球在吸引着它。想着想着，牛顿的眼里闪出奇异的光芒，他长时期来想了又想的问题，终于找到了解决的线索，一切都是因为地球的引力，由此他提出了著名的万有引力定律。

在一个晴朗的日子里，牛顿想骑马到山里去办点事情。于是，他就扛着马鞍走到马厩里去牵马，可是，他刚把马牵出来，有一个力学问题忽然在脑际浮现。于是，他不知不觉地把马给放了，自个儿扛着马鞍顺着小路一边走一边思考问题。牛顿时而低头深思，时而用手比划，完全忘却了周围的一切。当他走到山顶时，突然觉得十分疲惫，才想起应该骑马。这时，马早已跑得无影无踪了，只有一副沉重的马鞍始终扛在他肩上。牛顿思考问题简直到了痴迷的地步。

有一年冬天，牛顿坐在火炉旁边思考一个问题。他右肘的袖子被烤得焦糊了，他却一点儿也没有发觉。最后，袖子竟被烧着了，冒出黑烟，呛得他连连打喷嚏，可是他仍然沉浸在思考中，而一无所知。直到嗅到焦味的家人跑进来，一声惊呼，才使牛顿从思考中惊醒过来。

鲁班造锯

鲁班是我国古代非常有名的木匠，被称为"木匠的祖师爷"。他不仅技艺高超，而且还发明了很多的工具。像我们今天看到的锯子、刨子、铲子、曲尺、墨斗，据说都是鲁班发明的。这每一样工具的发明，都是鲁班仔细观察生活，在自己的劳动实践中经过反复试验才研究出来的。

有一次，国君让鲁班修建一座大宫殿。宫殿马上就要动工了，可是用来支撑大殿的柱子却还没有备齐，国君催得很紧，要鲁班在15天内就弄来300根梁柱。没办法，鲁班只好带着徒弟们上山了。他们起早贪黑，挥舞斧头，一连砍了十天，累得筋疲力尽，结果只砍了100来棵大树。眼看期限就要到了，国君的命令可不是随便能违抗的，如果不能按时竣工，那可是要杀头的。这可怎么办？鲁班的一个徒弟就劝说道："师傅，我们已经尽到全力，但是用斧头砍树速度实在太慢了，还有五天时间，我们肯定砍不到300棵树了，我们还是趁早逃命吧！"鲁班就教训这个徒弟说："一遇到问题就只想着逃跑，这怎么能做大事呢！我们要想想有什么好办法。"

晚上，鲁班躺在床上辗转反侧，天就快亮了，他索性穿了衣服向山上走去，看看今天可以砍哪些树。正在山路上走着，鲁班的手突然一阵疼痛，好像被什么东西划破了，裂开一道细长的口子，正滴着血。鲁班低头一看，原来刚刚手被一根茅草划了。鲁班就趁势弯腰折下了这根茅草，以免别人不小心又被它划了。可是就在他折这根茅草的时候，他发现这根茅草叶的边上长着许多锋利的细齿。他看看茅草,又看看自己手上被划开的那一道口子,脑子里突然闪过一个念头。一根柔软的茅草竟然这么锋利,能把人的手划开这么大的口子,如果用别的东西做成像茅草的样子,用它去"割"树,不知道效果会怎样?

想到这里,鲁班飞快地跑下山,把自己的想法告诉了徒弟们。于是,他们先是用一条竹片,做成茅草的样子,在边上刻了许多细齿,然后用它去"割"树。果然,没几下,树皮就被划破了,再一用力,树干就被划出了一道深沟。鲁班和徒弟们高兴极了,就用竹片来"割"树。可是,时间一久,竹片上的细齿不是钝了,就是断了。

这时,鲁班又想起了铁条,他想把铁条打成茅草的样子,就可以又锋利又坚固了。铁条被打造出来了,这就是锯子的"祖先"。鲁班用这些铁条去锯树,大大提高了速度,还没等到期限,就已经凑足300根梁柱了。后来,这些铁条经过不断改善,就成了我们今天看到的锯子了。

傻孩子发明蒸汽机

瓦特出生在苏格兰一个技工家庭,由于他小时候体质弱,经常头痛,所以到了上学的年龄,家里没有把他送进学校,就在家中由母亲教他。这样过了上学年龄好几年,瓦特才被送进学校。

瓦特从小很聪明,6岁那年的一天,家里来了一位客人,见瓦特拿着粉笔在火炉旁的地上乱画,就对他父亲说:"孩子这么大了,怎么还爱在地上乱画?"

瓦特的父亲笑着答道:"你仔细看看我儿子画什么吧!"客人走进一看,原来瓦特在地上画着许多圆圈,还在上面标着计算的数据和文字。客人问了他几个问题,瓦特答得又快又好,客人感到很吃惊,瓦特的父母也为他感到高兴。

　　瓦特从小爱观察，习惯独立思考。有一次，瓦特在姑妈家吃晚饭，吃到一半，厨房传来"噗噗"的声音。他跑到厨房一看，原来炉子上的水烧开了，蒸汽把壶盖顶得噗噗直响。这一现象吸引了他，这是怎么回事？他觉得太奇怪了，便目不转睛地盯着壶盖，在炉子旁边看了很长时间，忘了吃饭。姑妈看见了，说他是"傻孩子"。可谁能想到，这个"傻孩子"后来发明蒸汽机，就是从这件事受到启发的呀！

　　伟大的物理学家爱因斯坦说过："学会独立思考和独立判断比获得知识更重要。"

　　学习知识离不开思考，创造发明更是离不开思考，人失去了思考就如同水断了源头，最后就会枯竭。思考好比播种，行动好比果实，播种愈勤，收获也愈丰。一个善于独立思考的人，才能品尝到金秋的琼浆玉液，享受到大地赐予的丰收喜悦。

围魏救赵

　　战国时期，魏国派军队进攻赵国。魏国的军队气势如虹，很快包围了赵国都城邯郸，情况十分危急。赵国眼看抵挡不住魏国的攻势，就赶紧派人向齐国求救。

　　齐国大将田忌受齐王派遣，准备率兵前去解救邯郸之围。这时，他的军师孙膑赶紧劝他说："要想解开一团乱麻，用强扯硬拉的办法只会越解越乱；要想制止正打得难解难分的双方，用刀枪对他们一阵乱砍乱刺只会让局面恶化；要想援救被攻打的一方，我们只需要抓住进犯者的要害，捣毁它空虚的地方。眼下魏军只顾着攻打赵国，它的精锐兵力肯定已经全部出动。如果我们这时抓住机会，直接进军魏国，攻打魏国都城大梁，让他们措手不及,那么魏军一定会回国救援。这样,他们撤走攻打赵国的军队来保卫都城,不就等于替赵国解围了吗?"

一席话说得田忌茅塞顿开,他十分赞赏地说:"先生真是英明高见,令人佩服。"孙膑接着又补充,"还有一点,魏军从赵国撤回,长途往返行军,肯定十分劳累。我们趁这个机会,以逸待劳,只需要在魏军经过的险要地方布好埋伏,便可以一举打败他们。"

田忌叹服孙膑的精辟分析,立即下令按孙膑的策略行事,直奔魏国首都大梁,而且把要攻打大梁的声势造得很大,另一面却在魏军回师途中设下了重重埋伏。

果然,魏军得知都城被围,慌忙撤了攻打赵国的军队回国。在匆忙跋涉的途中,一头钻进了齐军的伏击圈。齐军擂鼓呐喊,冲杀出来。魏军一点防备也没有,结果当然是被齐军杀得丢盔弃甲,还没来得及解救都城,就几乎全军覆没了。

凭着孙膑的智谋,这次战争齐军大获全胜,而赵国也得到了解救。

只卖一件

炎炎夏日,俄罗斯某百货商店经理的心比天气还要炎热:防寒法兰绒衬衫大量积压,本季度的销售计划无法完成。站在窗前苦思冥想的他看到街对面的水果店时排着长队的人们在买香蕉,不断有人叫喊:"每人只能买一公斤!"忽然计上心来。他立即拟写了一张广告,严厉吩咐售货员:"未经我批字许可,只准卖一件!"5分钟过后,一个顾客走进经理办公室:"我有一大家子人……""很抱歉,我实在无能为力。"顾客正转身要走,经理说:"卖给你3件。"并写了一张条子送给喜出望外的顾客。这顾客一出门,一个男人闯进办公室就大声嚷道:

"你们根据什么限量出售衬衬衫?"

"根据实际情况,"经理毫无表情地问答着,"我破例给您两件吧。"

有一个年轻人在一个小时内几进几出,买到了大批衬衫。这时,经理的电话铃响了,经理有点应接不暇了。百货商店门口竟然排起了长队,赶来维持秩序的警察,优先买了一件衬衫。

下午,经理又想出一个窍门:出售衬衫搭手帕。顾客虽然怨气冲天,仍争相购买。所有积压的衬衫被抢购一空。

诸葛亮七擒孟获

三国时期隶属于蜀汉政权的南中地区,包括今天云南、贵州和四川西南部一带,古称"夷越之地"。由于东汉统治者的"赋敛烦扰",激起了南中各族人民的反抗,残酷的镇压使得人民掀起更大规模的反抗,而一部分少数民族奴隶主和汉族豪强地主,时刻都在寻机激化矛盾,以便达到他们割据自雄的目的。由于上层分子雍闿、孟获等的造谣和煽动宣传,不少人受骗加入叛军,叛乱几乎遍及整个南中地区。

公元225年3月。经过近两年的"闭关息民",在把内政外交各方面安排好后,诸葛亮感到出兵平定南中叛乱的时机已经成熟,于是亲自统领大军南下平叛。

诸葛亮采用了"攻心为上,攻城为下,心战为上,兵战为下"的策略来平定南中之乱。诸葛亮采取反间计杀了叛乱首领雍闿、朱褒,全歼高定部后,五月渡泸,深入不毛,开始征讨孟获。孟获收雍闿等人的余部,继续与蜀军对峙。作为少数民族的首领孟获在南中为"夷汉所服",是当地一位很有影响和威望的人物。诸葛亮决定收服孟获,然后使他从心里臣服蜀汉政权,在西南少数民族中造成影响,以便长期稳定南中局势。

孟获在蜀汉大军到来时，聚集三洞元帅讨论，后派三位洞帅各领兵5万，分左、中、右三路来迎战。诸葛亮用激将法，使赵云、魏延两位老将军杀奔敌军营寨，大败蛮兵，斩了敌军中路元帅，左方两路敌军元帅从山路逃跑时被埋伏的蜀军擒获。

诸葛亮命人解去两位洞主元帅的绳索，赐给酒食衣服，让两人各自归去。孟获闻知兵败，大怒，遂率兵进发。诸葛亮使王平诈败，引诱孟获军进入埋伏圈。孟获见蜀军旌旗四起，队伍杂乱，即生轻敌之意，驱兵追击王平。正追杀时，蜀将张嶷、张翼两路兵马突然杀出，截断后路。王平领兵杀回，赵云、魏延从两侧夹击，孟获抵挡不住，被魏延生擒活捉。

诸葛亮让人解去被俘蛮兵的捆绑，安抚说："你们都是好百姓，不幸被孟获蛊惑。今受惊吓了。我想你们的家人一定倚门而望，我今天全放你们回去，以安各自家人之心。"蛮兵深感其恩，哭着拜谢归家。诸葛亮对孟获不杀不辱，反而加以款待，让他观看蜀军的营垒和阵容。孟获并未服气，声称自己是因为未知虚实而中了埋伏，并说再战必胜。诸葛亮便笑着放他回去，让他整顿军马再来交锋。结果孟获又一次兵败被捉。可是他还是不服气，于是诸葛亮又把他放回去。就这样，一捉一放，前后共七次。孟获第七次被捉住的时候，诸葛亮微笑着说要放他回去，这时孟获终于心悦诚服地说："公，天威也，南人不复返矣。"这就是历史上诸葛亮"七擒孟获"的故事。

诸葛亮对孟获七擒七纵就是一种攻心的战术，他所采取的"不以力制，而取其心服"的策略，有着明显的进步性，并收到了很好的效果，"自是终亮之世，夷不复反"。可见，攻心之术在战争中确实有着武力屈服无法比拟的优势。

李白醉草吓蛮书

唐玄宗时,渤海国的使者带着国书来到长安。唐玄宗召见番使,命令翰林学士宣读番书。不料,翰林学士打开番书,见上面全是些鸟兽文字,竟一字不识。唐玄宗又命太师杨国忠宣读,杨国忠也一字不识。唐玄宗宣诏文武百官,文武百官也没有一个人识得。唐玄宗大怒,道:"枉有你们这些文武百官。这封信认不出来,如何回话,番使回去定然嘲笑我大唐江山,认为我大唐王朝没有人……"唐玄宗最后传旨:"如果9天内还不能知道番书内容,一律处斩,另选大臣,保护大唐江山!"

翰林学士贺知章回到家中,长吁短叹,一筹莫展。贺知章的窘态惊动了家中的客人李白——李白因进京赶考,受到杨国忠和高力士的排挤,名落孙山,此时正寄居在贺知章家中。李白问明情况,道:"可惜我李白金榜无名,不能为朝廷分忧解难。"贺知章问知李白能识番文,惊喜万分,立刻向唐玄宗作了汇报。唐玄宗赐李白进士及第,穿紫袍束金带,在金銮殿上接见了李白。李白捧起番书,用唐音译出,念道:

"渤海国大可毒书达唐朝官家:自你占了高丽,与俺国逼近,边兵屡屡侵犯我界,想出自官家之意。俺如今不可耐者,差官来讲,可将高丽一百七十六城,让与俺国……若还不肯,俺起兵来厮杀,且看那家败胜!"

这分明是一份"宣战书"。

唐玄宗问文武百官:"番人要兴兵抢占高丽,有何策可以应敌?"众人缄口不答。贺知章道:"太宗皇帝3次远征高丽,都没有取胜。后来借助高丽内乱之机,派李勋、薛仁贵率百万大军才征服了高丽。如今天下太平,多年不遇战事,既没有良将,也没有精兵,如果打起仗来,很难说能不能取胜。"玄宗问:"那我们该如何回复番使?"贺知章指着李白说:"陛下还是问李白吧。"

李白侃侃而谈："皇上尽管放心，明天召见番使，我当面回答他，也用鸟兽一般文字。一定要他们的可毒知我大唐王朝威严，拱手束降。"

唐玄宗当即封李白为翰林学士，设宴款待。李白大醉而归，第二天上朝酒气还未退。借助酒劲，李白想起科考时被杨国忠和高力士侮辱的情景，上奏玄宗要求高力士为他脱靴、杨国忠为他捧砚磨墨。玄宗正在用人之际，立刻准奏。李白神清气爽，大笔一挥，不一会儿就写好了吓蛮书，献到玄宗面前。玄宗但见上面龙飞凤舞，却一字不识，心中暗暗吃惊，于是让李白宣读。李白朗朗念道：

"大唐开元皇帝，诏谕渤海可毒：自昔石卵不敌，蛇龙不斗。本朝应运开天，抚有四海，将勇卒精，甲坚兵锐……方今圣度汪洋，恕尔狂悖，急宜悔祸，勤修岁事，毋取诛戮，为四夷笑……"

番使大为震惊。回到渤海国，番使将大唐国书交给渤海国国王，国王看后惊恐地说，"天朝有神仙赞助，如何敌得！"于是，写了降表，归顺大唐王朝。就这样，李白醉草吓蛮书，不战而屈人之兵，成为千古美谈。

张飞只身退曹兵

三国时期，曹操平定河北之后，大举南下，征伐荆州。刘琮自知不是曹操的对手，便率众投降。这样，曹操不费吹灰之力，占领了襄阳。

刘备因寡不敌众，只好率部退往江陵，但在长坂坡被曹军追击。双方血战一场，刘备大败，幸得张飞保护，且战且走。待到天明，见追兵渐远，刘备方敢下马歇息。

这时，赵云、糜竺、简雍等均不知下落，刘备身边只剩下100多骑兵。正凄惶之间，忽见糜芳身带数箭，踉跄而来，口称"赵云投降曹操去了"。

刘备不信，张飞说："他见我们势穷力尽，所以投降曹操，以便图取富贵。我现在就去找他，如果撞见，就一枪刺死他。"说完，不听刘备劝阻，飞身上马，率20多名骑兵，回到长坂桥边。他见桥东有一大片树林，心生一计，教那20多名骑兵，都砍下树枝，拴在马尾上。在树林中往来奔驰，冲起尘土，作为疑兵；自己则横矛立马于桥上，向西而望。

其实，赵云并未投降曹操。撤退时，他受命保护老小，在长坂坡被曹军冲散，便不顾死活，翻身杀入重围。经过一天血战，赵云先后救出简雍、糜竺、甘夫人和阿斗，杀死曹营名将50多员，直突重围，到达长坂桥边时，已经是人困马乏。他见张飞挺矛立马于桥上，便大呼："翼德援我！"张飞因有简雍报信，知赵云并未背叛，便说："子龙快走，追兵有我抵挡。"赵云纵马过桥。此时，曹军大将文聘引军至桥边。他见张飞倒竖虎须，圆睁环眼，手持蛇矛，立马桥上；又见桥东树林之后，尘土飞扬，疑有伏兵，便勒住马，不敢近前。不一会儿，曹仁、李典、张辽、许褚都来到长坂桥，见张飞怒目横矛，立马于桥上，都恐怕是诸葛亮用计，谁也不敢向前。只好扎住阵脚，一字儿摆在桥对面，派人向后军飞报曹操。

曹操得到报告，赶紧催马由后军来到桥头。张飞站于桥上，隐隐约约见后军有青罗伞盖、仪仗旌旗来到，料定是曹操起了疑心，亲自来阵前查看。张飞等得心急，大声喝道："我乃燕人张翼德，谁敢来与我决一死战！"声音犹如巨雷一般，吓得曹兵两腿发抖。曹操赶紧命左右撤去伞盖，环视左右将领，说："我以前曾听关云长说过，张飞能于百万军中，取上将头颅如在囊中取物那么容易。今天遇见，大家千万不可轻敌。"曹操话音刚落，张飞又圆睁双目大声喊起来："燕人张翼德在此，谁敢来与我决一死战！"曹操见张飞如此气概，自己已是心虚，准备退军。张飞看到曹操后军阵脚移动，又在桥上大声猛喝道："战又不战，退又不退，却是何故？"喊声未绝，曹操身边一员大将夏侯杰惊得胆肝碎裂，从马上栽到地下，身亡而死。曹操赶紧调转马头，回身便跑。于是，曹军众将一起往西奔逃而去。一时弃枪落盔者，不计其数，人如潮涌，马似山崩，自相践踏。

张飞见曹军一拥而退，不敢追赶，急忙唤回二十余骑士兵，解去马尾树枝,拆断长坂桥,回营交令去了。

周公隐居谋策略

　　周武王死后,他的儿子周成王继位,由于成王年纪还小,就由他的叔父周公辅政。周公是一个有远见有谋略的大臣。周公上台辅政之后,周武王的其他几个兄弟因为周公一个人独掌大权而十分不满。周武王的弟弟管叔等人便乘机向外部散播谣言,说是周公意图谋反,将对朝政不利。周公知道再待下去只会适得其反。他知道跟管叔他们硬碰硬没有什么好处,并且当时也没有证据证明自己的清白。所以为了避嫌,他就逃离了京城,住到了洛邑这个地方。他看上去是隐居了,实际上却一刻也没放下过国家大事,而是暗中观察一些不安分的大臣们的举动,悄悄开始做好反击的准备。

　　时过不久,管叔等人自以为计谋得逞,便十分张扬,试图与殷纣王的儿子武庚勾结,发动叛乱。周公一听到消息,赶紧自己率了一路军队,日夜兼程地赶往都城去救成王,并且将管叔这些人都抓了起来。一场暴动就这样被制止了。

　　周公回朝之后,立马上书成王,请求他赶紧制定相关的措施,避免这类事情的再次发生。成王却觉得没有必要这么麻烦,迟迟不下诏。于是周公写了一首诗,大致意思是说:一只刚刚失去了孩子的母鸟,仍然在一刻不停地筑巢。因为只有趁着天气好的时候抓紧把巢修补好,等到风雨来了,才能不怕风吹雨打。成王马上理解了周公的意思,便下诏颁布了一系列的法令。

　　在周公的辅助之下,周王朝十分繁盛,政治清平,百姓和乐。

火烧博望坡

三国时，曹操任命夏侯惇为都督，于禁、李典、夏侯兰、韩浩为副将，领兵十万，到博望坡见机行事。

当时，诸葛亮正在招募民兵，已经招到了三千人，诸葛亮从早到晚教他们演练阵法。

士卒忽然来报，曹操派夏侯惇领兵十万杀奔新野而来。刘备急忙请诸葛亮商议对策。诸葛亮怕众将不听号令，向刘备借了印和剑，然后聚集众将传令。诸葛亮说："博望坡左面有山，名叫豫山；右面有座树林，叫安林，这两处可以埋伏军马。云长可以带一千军兵去豫山埋伏，等敌军到来，放他们过去，别打；他们的辎重粮草必定在后面，只等看见南面火起，再让军兵出击，焚烧他们的粮草。翼德带一千军兵到安林后面的山谷中埋伏，只要看见南面火起，就可以出来，到博望城旧的屯粮之处放火烧粮草。关平、刘封领五百军兵，预备引火的用品，在博望坡后面两边等候，等初更时敌兵一到就放火。"然后，又从樊城召回赵云，命他为前部，不要赢，只要输。最后请刘备带一队人马作后援。命令众人："各自必须按计划做事，不许失误！"云长说："我们都出去迎敌，不知军师却做什么事？"诸葛亮说："我就坐守县城！"张飞大笑说："我们都去拼杀，你却在家里闲坐，好自在哟！"诸葛亮说："剑印在这里，违令的人杀头！"刘备也说："难道没听过'运筹帷幄之中，决胜千里之外'吗？二位兄弟，不能违令。"张飞冷笑着走了。云长说："我们且看他的计策应验不应验，那时再来问他也不迟！"

当夏侯惇领兵到博望后，立即分出一半精兵作前队，其余的都保护粮车前进。当时正是秋天，慢慢刮起了大风。曹军正在赶路，忽然看见前面尘土飞扬。夏侯惇把人马摆开，问明前面就是博望坡，后面是罗川口。他让于禁、李典押住后阵，亲自出马到阵前，一望敌军，就大笑起来，说道："我笑徐元直在丞相面前，把诸葛亮夸成神仙；现在看他用兵，用这样的军马和我对阵，真像是赶着狗和羊去与虎豹相斗了！我在丞相面前夸口，要活捉刘备、诸葛亮，今天必定能实现我的诺言了！"随即纵马向前，对赵云骂道："你们跟着刘备，就像孤魂跟着野鬼一般！"赵云大怒，纵马来战，没战几个回合，赵云就假装败走。夏侯惇从后面追赶，跑了十多里，赵云回马又战，没几回合，又再逃走。韩浩提醒夏侯惇谨防埋伏。夏侯惇却说："这样的敌军，就算十面埋伏，我又怕什么呢！"不听劝阻，继续向博望坡追去。后来，遇到刘备接应交战，夏侯惇笑着说："这就是埋伏的兵马啊！今天晚上，我不到新野，誓不罢兵！"催着军兵前进。刘备、赵云立即逃走。

这时天色已晚，浓云密布，没有月光；白天已刮起大风，这时就越刮越大了。夏侯惇只顾催军追赶。于禁、李典赶到狭窄的地方时，看到两边都是芦苇，担心遭到火攻，李典马上让后军停止前进，于禁去前军劝夏侯惇多加防备。哪知，人马走疯了，后军一时也阻拦不住，于禁赶到前军劝住都督，此时回军，为时已晚。话还没说完，背后喊声大起，燃起一派火光，很快烧着两边芦苇。一时间，四面八方，全都是火；又赶上风大，火势更猛。曹军人马，自相践踏，死人不计其数。赵云回军赶杀，夏侯惇只得冒着烟火逃跑了。

李典一见大势不好，急回博望城，却被一将拦住，原来是大将关云长。两军混战，李典夺路逃跑，于禁一看粮草车辆全都被烧，就从小路逃跑了。夏侯兰、韩浩来救粮草，正遇张飞。没有几个回合，张飞一枪刺死夏侯兰，韩浩夺路逃跑。一直杀到天亮，真是杀得尸横遍野，血流成河。

诸葛亮运筹帷幄，火烧博望坡大败魏军，立刻在军中树立起了威信，此后，张飞、关羽等人对诸葛亮也是佩服万分。

晏子使楚

春秋时期，齐国的晏子出使楚国。那时，楚国很强大，总想欺压别的国家。

楚王知道晏子的个子很矮，就想捉弄他。他命人在城墙的大门旁边又开了个小门，请晏子从小门进去。

晏子知道楚王要戏弄他，但他并没有动怒，而是笑着对把守城门的守卫说："只有到狗国的人，才从狗洞进去。今天我到楚国访问，为什么让我钻狗洞呢？难道楚国是狗国吗？"

守卫听他这么一说，愣了半天，只好请晏子从大门进去。

晏子进去以后，就拜见楚王。楚王轻蔑地问："齐国没有人了吗？怎么派你这么个人来？"

晏子回答说："齐国的人很多，仅都城就有上百条街道，人们把衣袖举起来，就可以遮住太阳；甩一甩汗水，就跟下雨似的。大街上人们肩靠肩，脚碰脚，大王怎么说齐国没人呢？"

楚王接着问："既然如此，那么为什么派你这样的人出访呢？"

晏子不慌不忙地回答："我们齐国派使节出访很有讲究，那些精明能干的人，就派遣他们出使那些品德高尚的国家；那些愚蠢无能的使臣，就派他们出使那些不成器的国家。我是使臣中最愚蠢、最无能的，所以就派我出使楚国来了。"晏子的话使本打算要戏弄他的楚国君臣们面面相觑，半天说不出话来。

过了一会儿，两个士兵绑着一个人，从大殿前走过，大王就问："绑的是什么人？"士兵就回答说："大王，是一个齐国的盗贼。"楚王就冷笑了一声，看着晏子说："你们齐国人天生就这么喜欢偷盗吗？"

晏子从席上站起来说:"启禀大王,我听说橘子长在淮河南边就结出橘子,而长在淮河北边结出的却是枳子,虽然这两种植物的叶子一样,但它的果实的味道却截然不同。之所以会这样,是水土不同的缘故。齐国人在齐国的时候从不偷盗,到了楚国就学会了偷盗,是不是楚国的水土会使人变得善于偷盗呢?"楚王听了晏子这一番反驳,苦笑着承认说:"先生个子矮,却有机智有胆量,我真是小瞧你们齐国人了。"

就这样,晏子凭着自己的智慧和口才,维护了国家和自己的尊严,他的名声也越来越大,成为了著名的外交家。

庄子借粮

有一段时间,庄子生活十分贫困,经常是吃了上顿没下顿。有一天,他实在是揭不开锅了,再不吃点东西,怕是真的要饿死了。无奈之下,庄子就到村里的一个官吏家里,打算能借点粮食回来熬过这一阵。可是这个官吏却是个小气鬼,他一听庄子是来借粮的,就装出很为难的样子说:"我说庄子啊,你来得真不是时候。我家里现在的粮食也不多了,你看我最近都在忙着收租子,等我把租子都收上来了,到时我就借你三百两银子,你看怎么样。"

庄子一听,知道官吏是不打算诚心借粮给他,就不动声色,压着心中的火气说:"我难得上一回大人的家,也没什么好东西给您带来,既然借不到粮,那我就给大人您讲个故事吧。"官吏向来听闻庄子的才华,就很有兴趣的说:"再好不过了,快讲吧。"

于是,庄子就开口说:"昨天我在路上走的时候,忽然听到了一阵呼救声,我循着声音找过去,发现原来是一条躺在小水坑的小鲫鱼在那里叫。那个水坑很快就要被晒干了,没有水这条小鲫鱼肯定就活不了了,所以它才拼命求救。它对我说'先生，求你救救我吧，我是一条来自东海的鲫鱼，不幸被人扔在这里，你看这里很快就要没水了，求你给我点水吧。'我一听，怎么能见死不救呢，好歹也是一条生命啊，于是我就对它说'小鲫鱼，你不要慌也不要急，我这就到南方去，说服吴王和越王，让他们兴修水利，造一条水渠把水引到这里来，再把你接回到东海老家去，你看怎么样？'"

说到这里，庄子就停下来不说话了，官吏忙问："你还没说完呢，后来怎么样了，那条小鲫鱼怎么说？"庄子很不满地说："大人，你想想都能知道了，小鲫鱼说'等你从那么远的地方把水调来，到时候你就到那个卖鱼干的铺子里来找我，或许还能找到。'"

官吏听了庄子的话，知道他是在讽刺自己。不过，他转念一想，自己要是现在不借粮给庄子，那庄子也就真的只有饿死的份了，说以后再借给他三百两银子又有什么用呢？官吏一心软，就借给了庄子几斗粮食。

第四章
为人处世的哲学

　　我们生活在世上,每天都不可避免地与他人交往,高超的交际艺术是成功的资本,拥有良好的社交能力和高超的处世技巧,就等于拥有了成功的点金石。正如一位著名的心理学家所言:一个人成功的因素,85%来自社交和处世。

任行好破砖窑躲死劫

从前有个姓任、名字叫行好的富家子弟，他有一个好朋友叫钱程。钱程这个人很会算命。有一天，任行好让钱程给自己算了一卦。没想到钱程给他算了一卦后，大惊失色，摇摇头，又叹了口气说："兄弟啊，我和你朋友一场，我就不瞒你了。你只有半年阳寿了，从命相里看，你会被砖块砸死。这是命中注定的事，我看你是躲不过了，你想开点吧。"

任行好听到钱程这话，顿时灰心丧气，他回到家后躺在床上几天都没有起来。他前思后想，有一天突然想通了。他想自己这辈子也没和别人结什么仇怨，也没欠谁一分钱，既然是命中注定要死于砖块，反正还有半年时间，与其天天躺在床上，还不如顺其自然，趁还活着多出去玩玩。这样想着，任行好安顿好家里，第二天就收拾行李出去游玩了。

任行好一路游玩，半年时间很快就过去了。一天傍晚，乌云密布，刮起了大风，马上就要下大雨了。任行好加快了脚步，打算找个地方躲一躲。他跑着跑着，抬眼看到了前面有一个破砖窑，这个破砖窑看起来好像随时都要倒掉的样子。任行好心里咯噔一下，心想难道这就是我的葬身之地了吗？此时黄豆大的雨点倾倒了下来，又是打雷又是闪电，任行好正犹豫着要不要进去躲雨。就在这时，破砖窑里传来一声声凄惨的女人的哭声。这是怎么回事呢？任行好转念一想，自己反正就快死了，躲得过今天，也躲不过明天，所以一咬牙就循着声音进去了。

在这砖窑的里面，任行好看到了一个妇人，哭声正是她发出来的。任行好进去时，恰好看见她正准备撞墙自杀，于是便一把拉住了她。任行好问明了原因，原来这妇人欠人家钱财被债主逼债，走投无路之下就决定轻生。任行好听完这妇人的话，叹了一口气说："哎，这破砖窑我本来不该进来的，但现在能救你一命我也认了。这里是我所有的钱财，你拿去还债吧，以后绝对不要再做这样的蠢事了。有人想多活几年都还不行呢！"

说也奇怪，妇人接过了任行好的钱财，外面的风雨就突然停了下来，砖窑一下子变得很安静。于是，两个人就走出来想看看怎么回事，可是等他们一走出来，身后的破砖窑竟一下子就倒了，发出轰轰的巨响。任行好回头一看吓出一身冷汗，他突然意识到自己可能已经躲过了这一劫。于是，他决定回老家去。

回家后，任行好拜访了钱程。钱程大吃了一惊，忙说："兄弟，我没见鬼吧？"任行好大笑，就把前因后果跟钱程描述了一番。钱程明白了，笑着说："我送你八个字：人行好事，莫问前程。"这八个字表面是说你任行好的事情不要再来问我钱程了，但实际却是说一个人只要一心一意地去做好事，就不用担心自己的前途得失了，因为好人终有好报。

吕端大事不糊涂

吕端是宋太宗年间的宰相，此人学士出身，肚子里有不少墨水。虽然经历了五代末期的天下战乱，人情艰苦历练不少，但仍是满身读书人的呆气，似乎是个十足的糊涂宰相。有人为此说吕端糊涂，可宋太宗赵匡胤却偏偏认为他小事糊涂，大事不糊涂，决意任命他为宰相。后来赵光义病重，宣政使王继恩害怕太子赵恒英明，做了皇帝以后会对他们这一党不利，于是串通了参知政事李昌龄、都指挥使李继勋等，密谋废掉太子，改立楚王为太子。此时，吕端到宫中看望赵光义，太宗快不行了，吕端发现太子却不在旁边，就怀疑事情有变，其中很可能有鬼，便在手板上写了"大渐"二字，让心腹拿着赶快去催太子尽快到赵光义身边来，这个"渐"字的意思就是告诉太子皇帝已经病危了，赶紧入宫侍候。等到赵光义死后，皇后让王继恩宣召吕端，商议立谁为皇帝。吕端听后知道事情不妙，他就让王继恩到书房去拿太宗临终前赐给他的亲笔遗诏，王继恩不知是计，一进书房便被吕端锁在房中。这时，吕端便飞快来到宫中。

皇后说："皇上去世，长子继位才合情理，现在该怎么办？"意思很明显，想立长子赵元佐。吕端立即反驳道："先帝既立太子，就是不想让元佐继承王位，现在先帝刚刚驾崩，我们怎么就可以立即更改圣命呢？"皇后听了无话可说，心里只有认了。

事情到了这个地步，吕端仍不放心，他要眼见为实，太子即位时，吕端在殿下站着不拜，请求把帘子挂起来，自己上殿看清楚，认出是原先的太子，然后才走下台阶，率领大臣们高呼万岁。

吕端事先能明察阴谋，有所防范；事中能果断决策，出奇策击破奸主；事后又能眼见为实，不被现象迷惑，不仅明智，实在是功夫老到。在皇位继承的关键问题上，吕端的"小事糊涂，大事精明"体现得淋漓尽致。

激浊扬清，容可容之事。小事愚，大事明，愚，不是自我欺骗或自我麻醉，而是有意糊涂，而是容可容之事，进而左右逢源，不为烦恼所扰，不为人事所累，这样才会有一个智慧的人生；明，是在原则性的问题上绝不姑息养奸，这就是大智若愚。这也是人生的最高修养，也是人生的大谋略。

陶渊明不为五斗米折腰

东晋末期，朝政腐败，官场黑暗，在这个动荡不安的时代里，有一个诗人名叫陶潜，又叫陶渊明。陶渊明当官时，因为看不惯当时政治的腐败，索性就弃官回到家乡隐居起来。陶渊明的曾祖父是东晋名将陶侃，虽然做过大官，但到了陶渊明一代，家境已经十分贫寒了，家里常常揭不开锅。可尽管这样，陶渊明还是照样读书做诗，自得其乐。他在自己家门前栽了五株柳树，还给自己起了个别号，叫"五柳先生"。

然而时间长了，陶渊明越来越穷了，靠自己耕田种地，已经养不活一家人了。亲戚朋友都劝他再出去谋个一官半职来维持家计，陶渊明没有办法只好答应了。当地官府早听说陶渊明的文才，就推荐他在刘裕手下做了个参军。但是没过多少日子，陶渊明因为无法忍受官员将军一伙人的互相倾轧，就要求出去做个地方官。于是上司就把他派到彭泽县当县令。当县令虽然日子过得很清苦，但是没有各种官场应酬，也能维持家计，所以陶渊明觉得很自在。

有一天，郡里派了一名督邮到彭泽县视察。这位督邮叫刘云，凶狠贪婪。他每年两次以巡视为名向下面的县令索要贿赂，每次去都是满载而归，谁要是不给他财物，他就栽赃陷害谁。县里的小吏听到这个消息，连忙向陶渊明报告。陶渊明正在他的房间里吟诗作对，一听到督邮来了，十分扫兴，只好勉强放下诗卷，准备跟小吏一起去见督邮。

小吏一看他身上穿的还是便服，吃惊地说："大人，督邮来了，您该换上官服，束上带子去拜见才好，怎么能穿着便服就去呢！"陶渊明早听说这个督邮的恶毒，一听小吏说还要穿起官服行拜见礼，更受不了这种屈辱。他很生气地说："我可不愿为了这五斗米官俸，去向那号小人打躬作揖！"说着，索性把身上的印绶解下来交给小吏，辞职不干了。

辞职回家以后，陶渊明写出了有名的《归去来兮辞》。在这篇文章中，他表现出了对黑暗的官场生活的厌弃和对于乡村田园生活的热爱。这以后，陶渊明再也没有做过什么官，他一面耕田种地，一面读书写诗，给后人留下了许多诗歌文章。

"勤俭"横匾

从前，在中原的伏牛山下，住着一个名叫吴成的农民。他一生勤俭持家，日子过得无忧无虑，十分美满。相传他临终前，曾把一块写有"勤俭"两字的横匾交给两个儿子，告诫他们说："你们要想一辈子不受饥挨饿，就一定要照这两个字去做。"

后来，两兄弟分家时，他们看到了父亲留下的这块横匾，应该分给谁呢？兄弟俩想来想去商量不下，最后决定将匾一锯两半，老大分得了一个"勤"字，老二分得一个"俭"字。

老大把"勤"字恭恭敬敬高悬在家中，每天"日出而作，日落而息"，年年五谷丰登，粮食堆满了谷仓。然而，他的妻子过日子却大手大脚，一点都不懂得节省，孩子们也常常把又白又大的馍馍吃了两口就扔掉。久而久之，老大家里竟没有一点余粮。

老二自从分得半块匾后，也把"俭"字当成"神谕"供放中堂，却把"勤"字忘到九霄云外。他疏于农事，又不肯精耕细作，所以每年收获的粮食就不多。尽管一家几口节衣缩食、省吃俭用，毕竟也是难以持久。

有一年遇上大旱，老大、老二家中都早已是空空如也。他俩气急之下扯下各自的半块横匾，将"勤""俭"二字扔在地上。可在这时候，当这两个字又合在一起时，他们似乎才明白当初父亲留给他们"勤俭"的用意：只勤不俭，好比端个没底的碗，总也盛不满；只俭不勤，坐吃山空，自然要受穷挨饿。

兄弟俩恍然大悟，"勤""俭"两字原来不能分家，相辅相成，缺一不可。吸取教训以后，兄弟俩将"勤俭持家"四个字贴在自家门上，提醒自己，还告诫妻室儿女，身体力行。从这以后，他们的日子也就过得一天比一天好了。

智伯贪得而亡

　　智伯是春秋末期晋国的一位地位显赫的卿大夫，他执政的时候就一心想扩大自己的领地。当时魏家、赵家、韩家是晋国的另外三大势力，有一回，智伯向力量比自己小的魏桓子索要土地。

　　面对这样的无理要求，魏桓子当然不肯。他手下有一位谋臣叫任章，任章却对魏桓子说："大王您不要生气，智伯他想要我们的土地，给他不就行了吗？"魏桓子一听这话，差点没把任章拉出去杀了，他没想到自己手下还有这等没头脑的人。

　　可是，任章不紧不慢地接着说道："大王，您想智伯之所以没有缘由就向我们索要土地，是因为他料定我们不敢反抗。只要我们不给他，他一定会率兵来攻打我们。对于这种这么贪心又不知满足的人，如果我们把土地给了他，他一定会越来越骄傲蛮横。等他胃口越来越大，便会向其他人索要土地。忍无可忍之时，其他像赵家和韩家自然就会相互团结起来。大王您想想看，相互团结的力量去对付一个轻敌的智伯，他肯定活不长了。兵法上说得好'想要打败敌人，一定要先帮他一把；想要夺取敌人的领地，一定要先送给他一点。'大王，您怎么能放弃和天下诸侯共同打击智伯的机会，却偏偏让我们成为智伯的攻击对象呢？"魏桓子听完了任章的话，觉得很有道理，于是就把一个很大的城邑给了智伯。

　　智伯得到城邑高兴坏了，他觉得别人都很怕他，所以也就越来越贪心，越来越蛮横了。于是，智伯很快又向赵家索取领地。赵家不答应，智伯就发兵围攻赵家的晋阳城。这时，早就对智伯不满的韩家、魏家就迅速联合起来，他们从城外进行反击，而赵家车马在城内接应。智伯孤军奋战,很快就败下阵来,结果兵败晋阳,自己也死在乱箭之中。智伯死后,他的封地被韩魏赵三家瓜分了。

贪心的农夫

从前有一个农夫,好吃懒做,当别人都辛勤地去耕作时,他却一个人躲在家里研究起可以不劳而获的妙法——炼金术。他把家里的金属器具,什么铜茶壶、铁皮斗等一股脑儿都扔进了炼炉,然后念起他从书上看来的几段炼金咒语,只见他急促地绕着炉子正走三圈,反走三圈。过了一段时间,他大叫一声:开!便兴冲冲地跑过去看炉子里的东西,他满以为会是一大块金子,可是一看却是黑乎乎的一堆。虽然得了教训,但是农夫却不肯放弃,反而更加虔诚地供奉起神仙的牌位来,每天三炷香,希望神仙显灵。

有一天,一位神仙果真出现了,农夫一见到他立马就跪拜起来。神仙说:"看你心诚,我特地前来教授你点石成金的法术。"多年的夙愿终于快要实现了,农夫听完喜极而泣,边抹眼泪边对神仙说:"真是太感激您了!"只见神仙妙手一指,桌子上的破碗就变成了金碗。农夫高兴地拍着手说:"太好了太好了,这个不够大,我要更多的金子,越多越好。"

神仙稍微皱了下眉头,但还是答应了。他又伸手一指,这下桌子也变成了金子做的。

农夫更是开心了,继续大叫道:"不够,不够,我要更多,我要更多。"

这时神仙的心中已经很不舒服了,他没想到自己千辛万苦来帮助的竟然是这么一位贪得无厌的人,不过好事做到底,他又一指,整个屋子都变成了金子做的。神仙觉得自己功德圆满了,便决定告辞。

没想到农夫还是愁眉不展，神仙很是纳闷，便问他道："在我来的时候，你还是个穷光蛋，现在你有了一屋子的金子，还不开心吗？"

农夫哭丧着脸说："就算再富裕，也有坐吃山空的一天呐！"

神仙暗自得意，想着他倒是还有那么一点上进心，便继续问道："那你想要什么呢？"

农夫这时止住了哭泣，兴奋地对神仙说："我想要您的这根手指。有了它，我就什么都不愁了。"

神仙这时候勃然大怒，几乎想要收回所有的金子，但是他忍住了，为了给这个贪心的人一点教训，他便假装答应了。

不一会儿，农夫拥有了一根金手指。

指到哪里，哪里就会变成金子。刚开始的时候他激动得不行，但是半天过去了，他的兴头也减弱了，因为他又渴又饿，实在是受不了了。于是他想去水缸里喝口水，结果他的手刚碰到水，满满一缸的水就都变成了金子，他想去拿个馒头，馒头也变成了金了。就这样，贪心的农夫对着一大堆金子活活饿死了。

楚庄王一鸣惊人

春秋五霸之一的楚庄王，在历史上曾为楚国的发展建立过显赫的功业。可是，在他登基的头三年却毫无建树。他不理朝政，昼夜游戏，猜谜作乐，不听臣子的意见，还扬言有谁敢进谏，就处以死刑。对此，宫廷上下都十分着急，国家这样下去那还了得。

看到这种状况，有个叫成公贾的人决定冒死进宫规劝楚庄王。楚庄王见到成公贾，就说："你知道我已经下令不准提意见，你就不怕死吗？"

成公贾说："大王，我来不是给您提意见的，我只是想来跟您一起凑

趣解闷，跟大王玩玩猜谜语。"楚庄王听他这么一说，就说："既然这样，那你说个谜我来猜。"

于是，成公贾就给楚庄王说了一个谜语："从前有一只大鸟，停留在南方的一座山上，整整三年，它不动、不飞也不叫。大王您说，这是只什么鸟呢？"

楚庄王稍作思考，便略有所悟地说："这只大鸟停在南方的大山上，整整三年没有动，目的是在坚定自己的思想和意志；它三年不飞，是在积蓄力量使自己羽翼丰满；它三年不叫，是在酝酿声威以便一鸣惊人。一旦这只鸟展翅腾飞，必将冲天直上；一旦鸣叫起来，必定会声震四方。成公贾先生，你放心吧，你的用意，我已经知道了。"成公贾惊喜地点点头，欣然离去。

第二天，楚庄王就上朝处理国事了。原来，这三年来，楚庄王并不是什么都不干，而是一直在静观世态，体察民情。他根据三年来的明察暗访、调查研究和对大臣们政绩的考察情况，提拔了五位忠诚能干的大臣，罢免了十个狡猾无能的奸臣。楚庄王的处事魄力，使文武百官大为佩服，楚国的老百姓也都奔走相告，庆幸有了一位贤君。在楚庄王的治理下，楚国也日益强大起来。

螳臂当车

从前有只螳螂，有着墨绿色的长手臂，泛着亮光的青壳，它非常神气也非常自豪，自封为"大将军"。"嗬！谁都没有像我这样强大的臂力和聪明的脑袋，我是螳螂界的大将军。"他自得地说道。

这时，从旁边跑过来一只神色慌张的小蚂蚁，一不留神，咚的一下撞到了"大将军"的一条腿上。

"唉，小家伙儿！走路留点神，小心我要你好看。"螳螂大声地斥责道。

小蚂蚁被吓得瑟瑟发抖，说："螳螂大哥，我不是故意的。你没看到，刚才有个人跑了过去，又高又大，一抬腿就扬起好大一片尘土，差点踩死我，真是把我吓坏了，对不住没看到您。"

"人算是个什么东西，他们有我这样粗壮的胳膊吗？有我这样锋利的镰刀吗？""大将军"不服气地说道。

"您不知道吗，人简直像座小山一样高，胳膊就像树一样粗。比起您来，可……可……稍微大点……"小蚂蚁被"大将军"恶狠狠的目光吓呆了。

"什么？简直是放屁！没见过世面的东西，你给我过来，带我去见见那个叫'人'的东西，我非给他们点颜色瞧瞧不可！快带路。"他拎起小蚂蚁说。

小蚂蚁被逼无奈，只好跟跟跄跄地把"大将军"领到了大路上。

这时，刚好有一辆马车过来。"大将军"一看，顿时傻眼了，那车轴简直大得难以想象。车轮滚过之处，沙土铺天盖地地飞起来，小蚂蚁哆嗦得更加厉害了。

"真是没用的东西，把你吓成这样！""大将军"故作镇定地说，"你瞧好了，我只要振臂一挥，那车子准得停下来。"说罢它就扬起了胳膊。

"千万别啊，大哥，这可不是闹着玩的！"小蚂蚁好心地劝道。

"去你的吧！""大将军"扬起一只胳膊就把小蚂蚁扔进了草丛里，独自向着那辆马车赶过去。只见它威风地举着长胳膊，冲着马车大声喊道："喂，给我停下来！"

可惜"来"字还没说完呢，"大将军"已经被马车的车轮压扁了，只留下地上深绿色的一小片印渍。

终南捷径

武则天统治时期，政治清平，武皇帝更是花了很多精力招募人才，许多原本很卑微的人都凭借着各种机会得到了女皇帝的赏识。其中就有尚书左丞卢藏。

卢藏在少年的时候就才能出众，声名远播，很多人都认识他，可是当他成年后却未能考取科举功名。落榜对他打击很大，但他并未放弃自己从政的理想。他在家中苦思冥想，最后终于意识到科举考试并不是实现自己理想的唯一途径。

不久，同村的人发现，向来喜欢串门聊天、谈论国事的卢藏突然一下子没了身影。大家都在猜测：卢藏是怎么回事，难道他因为落榜，对自己彻底失去了信心？

卢藏没有令大家好奇很久，就公布了自己的答案。原来这些天他一直窝在自己的书房里，他写了很多的赋文，不断表明自己品性高洁，不愿沉沦官场。接着，他又做出了一个更加惊人的举动。他广撒财资，通知各路亲朋好友说自己要去隐居了。隐居在哪儿呢？卢藏一思索，最终选择了离都城长安最近的终南山。

隐居"广告"发出去之后，卢藏并没有闲着，反而比以前更加努力了。他不断地创作作品，写各类诗词歌赋。他的作品很快通过朋友们流传了出去，写作水平一天胜过一天，在作品中他反复强调了自己不追名逐利、追求品格高尚等内容。这么一来，大家都知道了终南山有个才华出众的隐士叫卢藏，更难能可贵的是，他为人处事十分低调。

武皇帝很快就听说了他的故事，她思量着自己上任后急需人才，如果连卢藏这样的隐士都被自己收于麾下了，那么不是会有更多的人才被吸引过来吗？这么一想，武皇帝就喜滋滋地把卢藏给招来了。卢藏用隐居的方式得到了更大的名声，他报国从政的愿望也终于实现，比起他苦心在自家书斋里念书准备三年一度的科举考试可快多了。

很多代过去后，还是有不少人模仿卢藏的行为。人们就把卢藏的这种做法叫"终南捷径"。

司马懿假装糊涂

魏明帝曹睿死时，太子年幼，大将军司马懿与曹爽共同辅佐太子执政。曹爽是皇室宗族，自从掌握大权后，野心勃勃，要独揽大权。但司马懿是三朝元老，功劳高，有威望，而且谋略过人，在朝廷中有相当大的势力，因此，曹爽还不敢公开与司马懿斗。而司马懿也想夺权，他早把曹爽的举动看在眼里，但表面上仍然装糊涂，后来，干脆称病不上朝。

曹爽虽然一人独揽朝廷大权，可他对司马懿仍然不放心。司马懿虽然自称年老多病，不问朝政，可他老奸巨猾，处事谨慎，谁知他是真有病还是假有病？当初武帝曹操创业的时候，听说司马懿胸怀韬略，多次派人请他出来为官，可司马懿出身士族，自视高贵，瞧不起出身寒门的司马懿，不愿在曹操手下做官，就装病在家。后来见曹操的势力强大了，才出来跟随曹操，为曹操出力。这一次有病，谁知他是不是故伎重演呢？因此，曹爽对司马懿不敢掉以轻心，他经常派人打听司马懿的情况，可就是摸不到实情。河南尹李胜讨好曹爽，得到曹爽的信任，曹爽就把李胜召到京城，任命他为荆州刺史。李胜临去上任时，曹爽安排李胜以探望为名，到司马懿府中去探听虚实。

李胜在客厅坐了很久，才见司马懿衣冠不整，不断地喘息着，由两个侍女一左一右地架着，从内室慢慢走出。

李胜连忙站起身来，向司马懿行礼问安。司马懿的儿子司马昭对李胜说："李大人免礼罢，家父身体难支，还要更衣。"

旁边走过一个侍女，用盘子端着一套衣袍来到司马懿面前，请司马懿更衣。司马懿颤颤抖抖地伸手去拿衣服，刚拿起衣服，他的手无力地往下一垂，衣服掉在了地上。侍女赶忙拾起衣服，帮司马懿穿上，两个侍女搀扶着，小心地让司马懿躺着坐在躺椅里。

司马懿喘息了一会儿，慢慢地抬起右手，用手指指自己的嘴，上气不接下气地说："喝——粥——"

一个侍女连忙出去，端着一碗粥来到司马懿面前，司马懿抖着手去接，可他的手抖动得太厉害，最终还是拿不住碗。侍女只好端碗送到司马懿的唇边，用汤匙一小口一小口地把粥送进司马懿口中。司马懿的嘴慢慢地蠕动着，粥不断地从嘴角流出来，流到下巴的胡须上，又顺着胡须滴落在他的衣襟上。

喝着喝着，司马懿突然咳嗽起来，嘴里的粥喷了出来。不仅喷到他自己身上，还喷了喂粥的侍女一身。侍女放下手中的碗，拿过毛巾给司马懿擦身上的粥。司马懿叹了一口气，闭上眼睛。

李胜看见司马懿这副样子，就走上前去，对司马懿说："太傅，大家都说您的中风病复发了，没想到您的身体竟这样糟，我们真替您担心！"

司马懿慢慢地睁开眼睛，气喘吁吁地说："我老了，又患病在身，活不多久了。我不放心的是我的两个儿子，你今天来，我很高兴。我以后就把两个儿子托付给你了。"说着说着，眼中流下泪来。

李胜连忙解释说："太傅不必伤心，我们都盼着您早日康复呢。我马上要到荆州赴任，今天特意来拜望您，向您辞行的。"

司马懿故意装糊涂，说："什么？你要去并州上任，并州靠近胡人，你去了要很好地加强戒备，防止胡人入侵。"

李胜见司马懿年老耳聋，连话都听不清了，就重复说："太傅，我不是去并州，是去荆州。"

司马懿听了，故意对李胜说："你刚去过并州？"司马昭凑上前去，大声对司马懿说："父亲，李大人不是去并州，而是去荆州。"

"哦，是去荆州，那更好了。唉，我人老了，耳聋眼花，不中用了！"司马懿对李胜说。

李胜认为司马懿确实老病无用了，就站起身来，对司马懿告辞说："太傅多保重，您的身体会好起来的，以后有机会进京，我会再来拜望您的。"说完就离开了太傅府。

李胜刚出府门，司马懿就从椅子上站了起来。手捋胡须，看着司马昭，父子两人相视而笑。

李胜出了太傅府，直奔曹爽的府中，见到曹爽，高兴地说："司马懿人虽活着，却只有一息尚存，已经老病衰竭，离死不远了，不值得您忧虑了。"

曹爽听了，心中大喜，当即把李胜留在府中，饮酒庆祝。从此以后，曹爽根本就不把司马懿放在心上了，更加独断专行。

春天到了，按照惯例，曹魏皇帝宗族要去祭扫高平陵。曹芳起驾，曹爽，曹羲等兄弟全部随驾同行，一行人耀武扬威，浩浩荡荡开出了洛阳城。

等曹爽他们出城不久，司马懿就精神抖擞地带领着司马昭、司马师披挂上马，率领着精锐士兵占领了洛阳各城门与皇宫，把洛阳城四门紧闭，不准人随便出入。然后假传皇太后的诏令，废曹爽为平民，并派人把诏令送到皇帝曹芳那里。

司马懿握有重兵，曹爽又设防备，所以只能坐以待毙。司马懿下令把曹爽兄弟及其亲信桓范、何晏等人抓起来砍了头，并灭掉了三族。

苏麟写诗自荐

范仲淹是宋朝时著名的政治家、文学家，他学问很好，写得一手好诗

又做得一手好文章。他写的《岳阳楼记》非常著名，那"先天下之忧而忧，后天下之乐而乐"的名句现在还常常被人们所吟诵。

范仲淹曾经多次在朝廷担任要职，也在一些地方当过官。有一段时间，他在杭州做官，在任职期间，范仲淹细心观察自己身边的人，对那些有才干的人都一一给予了提拔。所以大家对他非常钦佩。

这时候，有一个叫苏麟的官员，他因为担任巡检，常常在外，所以一直没有得到范仲淹的提拔。当他看到自己周围的同事，无论职位比他高的还是低的都一个个得到了升迁，而自己却没人赏识，心里很不是滋味。他想自己一定是被这位范大人忘记了，这可怎么办好呢？直接去找范仲淹吧，好像自己是去要官位的，不去吧，他又觉得自己的才能要被埋没了。

有一天，苏麟想出了一个委婉的办法，他准备写首诗去向范仲淹请教，因为他知道范仲淹的诗写得很好。写什么诗呢，苏麟看到不远处水边的亭台楼阁，又看到了边上长得很茂盛的花木，他酝酿了一会儿，赶忙拿来纸笔写了下来。写完之后，苏麟就将诗句呈给了范仲淹，很虚心地请他赐教。

范仲淹读着苏麟的诗，当他念到诗中的"近水楼台先得月，向阳花木早逢春"时，很快就会意地笑了，他完全读懂了苏麟的言外之意。是啊，那些靠近自己身边的人都得到了自己的任用，却忽视了那些离自己远的人，这真是大失误啊。

此后，范仲淹就留心观察起苏麟来，他发现苏麟果然是一个人才。于是范仲淹就根据苏麟的才能，为他安排了合适的职位。

王翦自损其名

战国末年秦王准备吞并楚国时，秦王政没有采纳老将王翦"破楚非六十万大军不成"的意见，起用作战英勇的青年将领李信，率二十万大军攻打楚国。结果被楚军连破两阵，李信率残部狼狈逃回秦国。

秦王毕竟是一代枭雄，他后悔当初自己轻率，随即下令备车驾，亲自去见王翦，恭恭敬敬地向王翦赔罪，说："上次是寡人错了，没听王将军的话，轻信李信，误了国家大事，为了一统天下的大业，务必请王将军抱病出马，出任灭楚大军的统帅。"

王翦冷静地说："我身受大王的大恩，理应誓死相报，大王若要我带兵灭楚，那我仍然需要六十万军队。少于此数，我们的胜算就很小了。"

秦王当即同意。随后征集六十万大军交给王翦指挥。

出兵之日，秦王政率文武百官到灞上为王翦摆酒送行。饮了饯行酒后，王翦向秦王政辞行，并惶恐地说："臣有一请求，请大王恩赐些良田、美宅与园林给臣下。"

秦王听了，有些好笑，说："王将军是寡人的肱股之臣，日下国家对将军依赖甚重，寡人富有四海，将军还担心贫穷吗？"

王翦分辩说："大王废除三代的裂土分封制度，臣等身为大王的将领，功劳再大，也不能封侯，所指望的只有大王的赏赐了。臣下已年老，不得不为子孙着想，所以希望大王能恩赐一些，作为子孙日后衣食的保障。"秦王哈哈大笑，满口答应："好说，好说，这是件很容易的事，王将军就为此出征吧。"

自大军出发至抵秦国东部边境为止，王翦先后派回五批使者，向秦王要求：多多赏赐些良田给他的儿孙后辈。

王翦的部将们都不理解，王翦对他们说："我这样做是为了解除我们的后顾之忧。大王生性多疑，为了灭楚，他不得不把秦国全部的精锐部队都交给我，但他并没有对我深信不疑。所以，我不断向他要求赏赐，让他觉得，我绝无政治野心。因为一个贪求财物，一心想为子孙积聚良田美宅的人，是不会想到要去谋反叛乱的。"

王翦自损其名，伸手向秦王要求赏赐，使秦王更加深信他不会造反，从而全力支持他对楚作战，使王翦无后顾之忧，一举灭楚。事实上，上司为了保持自己的位置，可能不会警惕身边他眼中的蠢人，但是一定会处处提防聪明的下属，害怕"日防夜防，家贼难防"，而且他一般会认为聪明的下属容易成为"家贼"，因为只有有能力的人才有成"贼"的可能。你一旦成为上司潜意识里的"贼"，那么你以后的路也就多了一个强大的掣肘了。正所谓：功高震主者危，行高举独者谤，自古已然。所以功高之日，一定要忍住自己对美名的贪恋，想办法自损自贬，才能远避祸害。

勾践卧薪尝胆

　　春秋时期，南方的吴国和越国经常打仗。公元前496年，越国国王勾践即位。吴王阖闾趁越国刚刚遭到丧事，就发兵攻打越国，没想到却打了败仗，吴王阖闾还死在了越军的箭下。为了给父亲报仇，即位的吴王夫差苦练了两年多的兵。为了时刻提醒自己，他经过宫门时，就叫手下的人扯开了嗓子喊："夫差！你忘了越王杀你父亲的大仇了吗？"每当听到这话，夫差就会热血沸腾。

　　就这样，当吴王夫差再次攻打越国时，越国被打败了。越国国王勾践派大臣文种去向夫差求和，说愿意投降。同时又暗地里用重金贿赂夫差的大臣伯嚭，请他在夫差面前讲讲情。结果，夫差答应了越国的求和，但条件是勾践必须要到吴国做奴仆。

　　勾践把国家大事托付给文种，自己带夫人到了吴国。夫差让他们住在他父亲坟墓旁的石屋里，做喂马的工作。勾践非常顺从，不但喂马，夫差每次坐车出门，他还给夫差牵马。夫差病了，勾践也亲自侍奉，非常周到。这样过了三年，夫差认为勾践真心归顺了他，就放他们回越国去了。

　　勾践回国后，立志一定要洗刷这奇耻大辱。他怕宫里安逸的生活消磨了自己的斗志，于是就搬到了柴房里去住。为了不忘记自己曾经受过的苦，他还让人在吃饭的地方挂了一个苦胆，每次要吃饭的时候，他就先尝一尝苦胆的味道。另外，勾践还亲自参加耕种，他夫人织布，以此来鼓舞越国的百姓勤劳耕作。他改革内政，发展生产，训练军队，越国的国力也就一天比一天强盛起来。

而这时的吴王夫差却沉醉于安逸的生活，再也没有当初要攻打越国时的那种壮志了。勾践为了继续麻痹他，经常给他进贡财宝，还选了一个叫西施的绝色美人献给他。夫差非常满意，对西施宠爱极了，对勾践完全丧失了警觉。夫差的一位大臣叫伍子胥屡次劝他，他不但不听，反而厌恶起伍子胥，最后干脆派人给伍子胥送去一把宝剑，逼伍子胥自杀了。

又过了几年，勾践看时机成熟，就向吴国大举进攻。结果可想而知，吴国大败。吴王夫差被逼得走投无路，这时才想起伍子胥的劝告，后悔极了："吴国毁在我手里了，我实在没有脸去见列祖列宗啊！"说着就用衣服遮住脸，自杀身亡了。

吕不韦与人为善

吕不韦是卫国濮阳人，出生在一个珠宝商人家庭。成年以后，吕不韦奔走于各国，经营珠宝。后来他到了韩国，成为阳翟"家累千金"的巨富。

吕不韦生活在战国时代。其时农业、手工业、商业兴旺发达，商人活动频繁。有些商人主张用兵家之道来经商，吕不韦却用经商之道来从政。

秦昭王四十二年（公元前 265 年），吕不韦经商来到赵国都城邯郸，巧遇秦国公子异人（后改名子楚）。吕不韦觉得异人将是有用之人。异人是秦国安国君之子、秦昭王之孙，安国君此时已被确定为太子。安国君有 20 多个儿子，异人不是长子，他的生母夏姬也不受安国君宠爱。异人在赵国当人质，秦赵经常发生战争，异人在赵国处境危险，饱受赵国人白眼，他的日用起居车辆都很简陋，确实是个落难公子，注定将来没什么大出息。

吕不韦依据生意经上的"人弃我取"原则，认为异人是个奇货可居的对象？是一个可以收买并进行政治投机的对象，而关键在于重新塑造异人的形象，巩固异人的地位，才可以有用，吕不韦回家与父亲商量此事。

吕不韦问他父亲："耕田能获几倍的利？"吕父说："可获十倍的利。"吕不韦又问："经营珠宝能得几倍利？"吕父说："百倍的利。"吕不韦追问："助立一国之主，能得多少倍利？"吕父说："无数的利。"吕不韦吃了定心丸，便一五一十地对吕父说："现在努力耕田，不能保证吃饱穿暖；而帮助立一国之主，得到的好处却无尽。并一已可以传之后世，这种大有利可图的事，何乐而不为呢？我主意已定，决定助异人一臂之力。"

吕不韦特地拜访异人，谦虚地客套一番后，说："我能叫你飞黄腾达，身价百倍。"异人认为吕不韦开玩笑，便也以玩笑态度说："你还是自己去抬高身价，然后再来帮助我吧！"吕不韦说："你不知道，只有使你先发达了，我才能发达。"两人一来一往地对答，异人明白了吕不韦话中有话，便请他坐下来畅谈，吕不韦说："秦王老了，安国君做了太子。听说你父亲安国君最宠爱华阳夫人，只有华阳夫人能立继承人，可她又没有儿子。你们兄弟二十多人，你排行中间，又不受宠爱，长时间在赵国做人质。即便你祖父秦王死了，你父亲安国君做了秦工，你也没有希望同你的那些兄弟争立太子。"异人说："你分析得很有道理。你有什么高招呢？"吕不韦说："你现在很困难，景况不妙。你客居此地，没有什么东西可以孝敬长辈与结交宾客。我虽不富裕，但可以拿出千金，西游秦国，走走门路，讨好安国君和华阳夫人，让他们立你为继承人。"异人听了喜出望外，叩头便拜，发誓说："如果实现了你说的计划，我愿意同你共享秦国。"

吕不韦当场拿出五百黄金，送给异人，让他广结宾客。随后吕不韦开始实行他的计划，又花五百黄金，购买了一批奇珍玩好，自己带着它们前往咸阳。

吕不韦设法见到了华阳夫人的姐姐，通过她把宝物献给华阳夫人。吕不韦又在华阳夫人面前大夸异人在赵国如何贤明，如何广交宾客，并且特别强调异人日夜思念太子和夫人,一提到太子和夫人就眼中流泪。华阳夫人被打动了,对异人产生了好印象。

吕不韦又让华阳夫人的姐姐说动华阳夫人,预先准备了一套说辞,针对华阳夫人的心病,层层深入。华阳夫人的姐姐劝说华阳夫人:"我听说,女人靠姿色得宠,到了红颜衰残时,受到的宠爱就会淡薄。只有趁受宠之时,确立自己的儿子为王位继承人,即使丈夫去世之后,自己也不会失势。现在夫人侍奉太子,非常受宠,可惜没有儿子。何不趁机在众位公子中物色一个既能干又孝顺的立为继承人,并认他为儿子呢?这样,你丈夫在世时,你受到尊重,万一丈夫死后,你认的儿子继位为王,你终身也不会失去权势。如果不抓住目前你受宠的时机奠定牢固的基础,等到宠衰色褪时,即使你想说一句话,恐怕也没人听你的了。现在异人本事大,而且他知道自己排行居中,照常例是不能立为继承人的,他的生母又不受宠爱,现在他主动来投靠夫人,你如果立他为继承人,他会感激不尽,夫人你在秦国的地位便永远不会动摇,你一辈子都能在秦国受到尊重。"华阳夫人被说动了。

华阳夫人侍候太子安国君时,便主动提出让异人做继承人。她流着泪说:"我有幸能到后宫充数,不幸没有儿子。希望能把异人立为继承人,让我将来有个依靠。"安国君答应了华阳夫人的请求,与她刻玉符为凭证,立异人为继承人。安国君和华阳夫人不断送钱财给异人,并聘请吕不韦任异人的老师。

异人回到秦国去见华阳夫人时,吕不韦知道华阳夫人原籍楚国,便让异人穿楚服进见。华阳夫人见了异人非常高兴。当场让他改名为子楚。不久,子楚作为安国君的继承人这个消息便在诸侯国中传开了。

吕不韦在邯郸养了一个美貌的歌舞姬。这个女人已经怀孕。一天,子楚到吕不韦家喝酒,见到她后,便为吕不韦敬酒,要求吕不韦割爱。吕不韦把她送给子楚。子楚把她立为正夫人,秦昭王四十/乙年(公元前259年),这个女人生下一子,取名政,他便是后来的秦始皇。

秦昭王五十五年,秦赵关系紧张,赵国想杀掉子楚。子楚和吕不韦商量,用五百黄金贿赂看管子楚的官吏。子楚逃进秦军中,回到秦国;次年，秦昭王死，安国君继位为王，华阳夫人当了王后，子楚成为太子。

秦孝文王元年（公元前250年），安国君登上王位刚三天就死了，子楚继位，他被称为秦庄襄王。按照子楚与吕不韦当初的契约，吕不韦任丞相，封为文信侯，拥有河南十万户食邑。

秦庄襄王在位三年就死了，由其子嬴政即位为王，他后来被尊为秦始皇。嬴政尊奉吕不韦为相国，号称仲父。从秦庄襄王即位到嬴政二十二岁亲政以前，秦国的军政大权一直掌握在吕不韦手中。

郑板桥难得糊涂

清朝著名的画家和书法家郑板桥是一位奇人，被人称作是"扬州八怪"之一。

有一年，郑板桥去山东莱州的云峰山游玩，由于下山时天色已晚，又见山下刚好有一间小茅屋，他便走了进去。此时从里面迎出来一位老人，看老者的衣着和气度就知道是一位儒者。

郑板桥恭敬地上前打招呼："打扰您了，请问我可以在贵舍借住一个晚上吗？太晚了，回去来不及了。"

那位老人摆了摆手，说："没事，家中清贫，难得你不嫌弃，就住下吧。"说完，他便走进书房里继续写字。郑板桥知道自己遇上的必定是一位隐士，便过去同他交流。这位儒者自称是糊涂老人，郑板桥一听就乐了，心想自己是扬州八怪，竟然遇上一位糊涂老人，果然是世界之大，无奇不有！他们二人聊了很多，越谈越是投机。老人家中有一块很大的砚台，质地细腻，雕刻得十分精美，郑板桥看了很是喜欢，并对老人的品位和修养更加赞叹了。

第二天临走时，老人请郑板桥留下墨宝，这样可以刻到那块砚台的背面，郑板桥很爽快地答应了。他挥毫几笔，就写下了四个大字：难得糊涂。写完又请老人写一段跋语，就是评价和感悟之类的文字，好跟自己的"难得糊涂"相对应。老人很快就写完了，并且盖上了自己的印章。原来这位老人曾参加科举，院试第一，乡试第二，殿试第二，但是官场混杂，他很快就放弃了荣耀和富贵，安心回家耕作隐居。郑板桥知道后内心十分敬仰，不禁感慨道："聪明难，糊涂更难，从聪明变成糊涂更是难上加难。像您这样情操高尚的人，懂得退让和知足，是真正的贤士啊！"老人摇摇手表示过奖了。

郑板桥告别老人后，心中受了很大的启发，他越来越觉得老人的处世哲学十分精妙，于是也把"难得糊涂"当成了自己的座右铭。

因为郑板桥生性耿直，不肯跟一些腐败的官员同流合污，后来也很早卸下了官职，在家清贫度日，甚至在扬州街头卖自己的画作。这么一来，他的作品反而得以传承后世，流芳不息。

河伯遇海神

秋天到了，连日的雨水让山溪水漫涨，从四面八方汇聚到河伯那里。河伯的声势顿时变得十分浩大，这个时候，河伯十分得意地说："瞧！我是多么宽大，多么壮美啊！"

他又看看那些小河、小溪，不禁哑然失笑，他们聚到河伯那里之后，显得如此卑微和渺小。"我想世上再没有任何一条河流可以和我相提并论了。"他一时得意忘形，简直想象不出世界上还有比自己更加壮观的事物。"自然界为什么要创造出像我这么伟大的东西出来呢？"他用一种傲慢夸耀的语气讥讽着那些小河、小溪。

顺着水流的趋势，河伯一直向东行进。传说中这是通往大海的方向。

河伯加快了脚步，因为他想见识一下平日里人们口中经常提起的大海究竟是什么模样。"我一定要让他见识见识什么才叫浩瀚，什么才叫伟大。"河伯在心里暗暗发笑，然后更加欢快地朝前行进。

河伯终于到达了北海，当他真正见到大海时，顿时惊呆了。他四处张望，可是宽阔的海洋连边际都难以望到，浩浩荡荡的海水在日光的照射下泛着美丽的金光，像是跃动着无数条金色和银色的小鱼儿。这时海神像一个参天巨人向他走来，很和善地说："欢迎你的到来，我的兄弟。"

河伯惭愧难当，他缓缓地转过身来，微微地叹了一口气，然后对海神说："俗话说'懂得了很少一部分道理的人，总是以为没有人能够比得上自己'，这句话说的正是像我这样的人啊。我也曾经听说过学识渊博的孔子还觉得自己什么都不懂，到处请教别人，刚开始的时候我还不相信，现在我终于明白了。当我看到您这样的宽阔和包容时，我才知道要是没有来到您的面前，我这一生就活在自己的自高自大中了。现在我一定会被像您这样真正见闻广的人嘲笑的。"

海神摇了摇头，马上就原谅了河伯，并且告诫他说："有些人不知道大的道理，是因为他们受到了时间、空间和教养的限制，如今你已经明白了，以后也就可以跟人家一起讨论大道理了。"

如果我们能时时刻刻拓宽自己的视野，就可以警示自己，认识到自身的渺小，也就不会犯这样自大的错误了。

将相和

战国时候，有七个大国，它们是秦、齐、楚、燕、韩、赵、魏，历史上称为"战国七雄"。在这七国当中，又数秦国最强大。秦国常常欺侮赵国，有一次，赵王就派了一个大臣的门客蔺相如到秦国去交涉。蔺相如见了秦王，凭着自己的机智和勇敢，给赵国争得了不少面子，免去了一些不必要的损失。秦王见赵国有这样的人才，就不敢再小看赵国了。赵王看蔺相如这么能干，就封他为"右上卿"。

赵王这么看重蔺相如，可气坏了赵国的大将军廉颇。他想：我为赵国拼命打仗，功劳难道不如蔺相如吗？蔺相如光凭一张嘴，有什么了不起的，地位倒比我还高！他越想越不服气，怒气冲冲地说："我要是碰着蔺相如，要当面给他点儿难堪，看他能把我怎么样！"

廉颇的这些话传到了蔺相如耳朵里。蔺相如立刻吩咐他手下的人，叫他们以后碰着廉颇手下的人，千万要让着点儿，不要和他们争吵。他自己坐车出门，只要听说廉颇打前面来了，就叫马车夫把车子赶到小巷子里，等廉颇过去了再走。

廉颇手下的人看见蔺相如这么害怕自己的主人，更加得意忘形了，见了蔺相如手下的人，就嘲笑他们。蔺相如手下的人受不了这个气，就跟蔺相如说："您的地位比廉将军高，他骂您，您反而躲着他，让着他，他越发不把您放在眼里啦！这么下去，您受得了，我们可受不了。"

蔺相如心平气和地问他们："廉将军跟秦王相比，哪一个更厉害呢？"大伙儿说："那当然是秦王厉害。"蔺相如说："对呀！我见了秦王都不怕，难道还怕廉将军吗？要知道，秦国现在不敢来打赵国，就是因为国内文官武将一条心。我们两人好比是两只老虎，两只老虎要是打起架来，不免有一只要受伤，甚至死掉，这就给秦国造成了进攻赵国的好机会。你们想想，国家的事儿要紧，还是私人的面子要紧？"

蔺相如的这番话，后来传到了廉颇的耳朵里。廉颇惭愧极了。他脱掉一只袖子，露着肩膀，背上绑了一捆荆条，直奔蔺相如家。蔺相如连忙出来迎接廉颇。廉颇对着蔺相如跪了下来，双手捧着荆条，请蔺相如鞭打自己。蔺相如把荆条扔在地上，双手扶起廉颇，给他穿好衣服，拉着他的手请他坐下。

蔺相如和廉颇从此成了很要好的朋友。这两个人一文一武，同心协力为国家办事，秦国因此更不敢欺侮赵国了。

丰子恺教子

丰子恺是我国现代的一位艺术大师,因为他很有名气,所以家里经常有客人来访。每逢家里有客人来的时候,丰子恺总是耐心地对孩子们说:"客人来了,要热情招待,要主动给客人倒茶、添饭,而且一定要双手捧上,不能用一只手。如果用一只手给客人端茶、送饭,就好像是皇上给臣子的赏赐,或是像对乞丐布施,又好像是父母给小孩子喝水、吃饭。这是非常不恭敬的。"他还说:"要是客人送你们什么礼物,可以收下,但你们接的时候,要躬身双手去接。躬身,表示谢意;双手,表示敬意。"这些教导,都深深地印在孩子们的心里。

有一次,丰子恺在一家菜馆里宴请一位远道而来的朋友,便把几个十多岁的孩子也带了去作陪。孩子们吃饭时,还算有礼貌,守规矩。可当孩子们吃完饭,他们之中就有人嘟囔着想先回家。丰子恺听到了,没有大声斥责制止,而是悄悄地告诉他们不能急着回家。事后,丰子恺对孩子们说:"我们家请客,我们全家人都是主人,你们几个小孩子也是主人。主人比客人先走,那是对客人的不尊敬,就好像是嫌人家客人吃得多,这很不好。"孩子们听了,都很懂事地点头。

丰子恺的儿子丰陈宝特别害怕见生人。因此,在客人面前,常常显得不大懂礼貌。丰子恺觉得,陈宝之所以这样,恐怕是因为他平时很少接触生人,缺乏见识和这方面的锻炼。于是,他就利用一些外出的机会,带着陈宝出去见世面。丰子恺在上海开明书店做一些编辑工作,就时常把陈宝也带了去。那时,陈宝十三四岁,已经能帮着抄抄写写,剪剪贴贴。带上他,一方面是为了有机会让陈宝打下手;另一方面,也是考虑给他一个接触生人的机会。有一回,来了一位陈宝不认识的客人。客人跟丰子恺说完话，要告辞的时候，看到了陈宝，就转过身来与陈宝热情地打招呼。陈宝见此景不知道该怎么去应答，一下子愣住了，傻呆呆地站在那里，像个木头人似的。送走了客人，丰子恺责备陈宝说："刚才那位叔叔跟你打招呼告别，你怎么不理睬？客人向你问好，你也要向客人问好；客人跟你说再见，你也要说再见，以后要记住。"

在丰子恺的正确教导下，他的孩子个个都懂规矩、讲礼貌，长大后都成为了有出息的人。

两个神童

北宋景德年间，有两个非常有才华的"神童"，被地方官推荐给了朝廷。他们一个叫晏殊，一个叫蔡伯俙。

真宗皇帝见了他们两个人，非常高兴，心想难得国家出了这样的人才，于是就决定出题考考他们。如果论才学，蔡伯俙与晏殊不相上下，但是要说到品德，两个人却大不一样。蔡伯俙一心要压倒晏殊，一看试题出得那么容易，就奋笔疾书起来，还不时回头看看晏殊。但是晏殊却迟迟没有动笔，皇帝看到很奇怪，就问他为什么不写。晏殊老老实实地说："皇上，这个试题我在家里的时候已经做过了，您给我再出一个更难的题目吧。"这样一来，蔡伯俙抢先交了卷子，他暗暗笑话晏殊是一个小傻瓜。

真宗皇帝对晏殊、蔡伯俙的答卷都很满意，于是就破例赐给他们官职，留在宫里陪皇太子读书。皇太子年纪还很小，只想玩耍，一点儿也不想读书。晏殊就常常耐心地劝他，但是这让皇太子很不高兴。而蔡伯俙小小年纪就学会了迎合，处处讨皇太子的欢心。宫里的门槛很高，皇太子跨不过去，蔡伯俙就趴在地上，用背给他垫脚。

有一次，真宗皇帝要检查皇太子的学业。皇太子写不出文章，就要晏

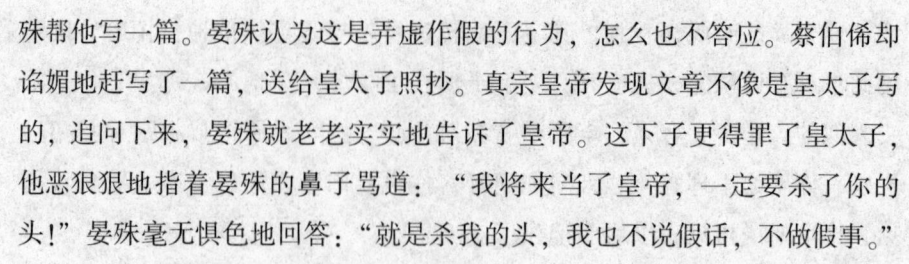

殊帮他写一篇。晏殊认为这是弄虚作假的行为，怎么也不答应。蔡伯俙却谄媚地赶写了一篇，送给皇太子照抄。真宗皇帝发现文章不像是皇太子写的，追问下来，晏殊就老老实实地告诉了皇帝。这下子更得罪了皇太子，他恶狠狠地指着晏殊的鼻子骂道："我将来当了皇帝，一定要杀了你的头！"晏殊毫无惧色地回答："就是杀我的头，我也不说假话，不做假事。"

真宗皇帝死后，皇太子继承了王位，当上了仁宗皇帝。蔡伯俙自以为和仁宗皇帝关系不错，这下子一定可以做大官了。谁知道仁宗皇帝却任命晏殊为宰相。蔡伯俙很不服气，就去问仁宗皇帝，仁宗说："当时我年幼不懂事，不知道应该怎样来识别真正的人才。不错，你和晏殊都很有才华，可是你为人不诚实，不够正派，让人放心不下。宰相身负国家重任，应该由晏殊这种德才兼备的人来担任。"

一箭之仇

春秋时，齐国的国君死了，大臣们就紧张地开始策划拥立新的国君。齐国的正卿很小的时候就与公子小白非常要好，所以就暗中派人去莒国接小白回国接任王位。也有人要接年长一点的公子纠回国做国君，鲁国准备护送公子纠回去，而且还派了管仲带兵在途中拦截公子小白。双方相遇时，管仲射了公子小白一箭。这一箭险些要了公子小白的命，但是为了迷惑对方，公子小白也就假装中箭死了，而同时他却搭乘了一辆轻便的小车，不管白天黑夜地向齐国开去。

公子纠和鲁军都以为公子小白真的已经死了，那么王位就肯定是他的了，所以就放慢了回齐的速度。可是等他们到了，才知道公子小白早已经当上了齐国的国君，他就是后来历史上赫赫有名的齐桓公。

齐桓公当上了国君，心里时常惦记着管仲射他的那一箭，只想把管仲给杀了。当他下令攻打鲁国时,他旁边的一位贤才鲍叔牙就对他说:"皇上,如果您要想管理好齐国有我就够了;但是如果您想要称霸,那么没有管仲这样的人才是不可能实现的!"

齐桓公胸怀大度,在稍稍思索了之后,就决定放弃前嫌,接受鲍叔牙的意见,派他亲自去迎接管仲。管仲来了之后,齐桓公真的没有向他提过之前发生的事,而是处处以礼相待,还委以重任。管仲在齐桓公的大力支持下,也对齐国进行了大刀阔斧的改革,在政治、经济、军事方面都卓有成效。

正因为有齐桓公这样开明大度的君王和管仲这样的人才,齐国很快国富兵强,实力雄厚,成为春秋时期的一个大国。

荀巨伯危难中救友

汉朝有个人叫做荀巨伯,品德非常高尚,经常接济周边的朋友。一次,一个朋友病重垂危,很想见他一面,荀巨伯接到朋友的消息后马上动身,走了几天几夜,终于到达了朋友的家中。他耐心地劝解好友,让好友不要灰心,并亲自照料好友的饮食起居和日常的繁琐事务。

屋漏偏逢连夜雨,在荀巨伯到来后没几天,就有传言说匈奴快来了。在那个时候,汉族经常遭到少数民族的侵犯,匈奴的长期进犯让城里的百姓苦不堪言,所以一听到"匈奴"两个字,很多人都吓得屁滚尿流。没多久,人们就纷纷逃命去了,整座城都空了。那位病重的朋友实在无法起身逃离,又没有条件雇马车。他不愿连累荀巨伯,于是便劝他赶紧离开。

然而,荀巨伯听到这个建议后却严肃地回答道:"我远道而来,就是来看望你的,如今你病成了这样,我要是为了逃命就离开你,就等于是背信弃义,这样的事情是我能做的吗?"尽管朋友再三劝告,荀巨伯就是不肯独自逃命。终于，匈奴攻进了城里。他们很快发现了这个城里只剩下两个人，一个病重的中年人奄奄一息倒在床上，另一个则神态自若地在一旁照料。

为首的那个匈奴头子很是不解，他问荀巨伯道："我们一来，所有的百姓都逃走了，你们是什么人，竟然敢留下来，难道不想活命了吗？"荀巨伯听完后动情地说："我的朋友得了重病无法走脱，我不愿意抛弃他，我要尽力保护他，如果你们不能放过他，我情愿用自己的性命换取他的安宁！"说完，他与他的朋友都落下了热泪。

在场的匈奴兵听完后都大为感慨，头领动容地说道："我们这些无知的人，竟然来进攻这么有道义的地方，真是该死！"于是他挥手集合，命令所有的士兵撤退，走之前还留下了一些钱让荀巨伯给友人治病。这样一来，不光朋友的重病得到了医治，连整座城池也躲过了一劫。

一杯牛奶的报酬

美国历史上，有一段大萧条时期。资本家们把生产出来的牛奶和各类食品倒入大海，而穷人们却在死亡线上挣扎。

一天晚上，在密西西比州的一间小屋里，一个姑娘听到了敲门声。她打开门一看，是一个面色苍白、体格羸弱的男孩子，大概十一二岁的样子。他眼睛里的哀伤和落寞是贫穷赐给他的礼物，姑娘看到后便产生了深深的同情。

"请问有什么事吗？"姑娘温柔地说道。

"没……没有，我要去投奔我的一位叔叔，有点渴了，能……能给我口水喝吗？谢谢。"男孩儿怯怯地问道。在那个时候，谁也没有多余的食物，他瘦削的脸颊上写满了饥饿，但是嘴上却不愿说出。

"当然，请等一下。"姑娘走进了屋子。

等她再次出来的时候，手里捧着满满一大杯牛奶。"刚好剩下了一杯牛奶，等到明天可能就坏了，你能帮我们解决掉吗？"她微笑着。

男孩儿感激地接过了。温暖的牛奶让他重新燃起了对于生活的希望，他就这样走到了另外一个城市。

许多年过去了，当初的那位姑娘已经成为一个妇人了，她得了一种很奇怪的病，吃了很多药都无效后，她的一位远房叔叔把她转到了一家大医院。主治医生刚好就是当年的那位小男孩，他很快就认出了那时给予他帮助的恩人。

手术很成功，贫穷的妇人正担心着自己的巨额医药费时，年轻的护士却进来告诉她说已经有人替她支付了。妇人无论如何也不愿接受如此大的恩惠，坚持要看费用单。尽管这可能会让她倾家荡产，她还是哆嗦着打开那张支票，看到了下面的签名：一杯牛奶的报酬。

灼热的泪水划过了那位妇人依然美丽的脸庞。病房门口，那位年轻的医生含着泪冲她微笑，说："您曾经给予我的善良，是我一生的财富。"

沈从文知错就改

沈从文是我国现代著名的作家，他出生在湖南省凤凰县的一个农户家庭。小时候的沈从文特别贪玩，一有空就溜出去满村跑。村里时常会有戏班子过来演木偶戏，沈从文对木偶戏情有独钟，要是错过了一场，他心里就要难受上好几天。正是这样的热情，只要有木偶戏，沈从文就会想尽一切办法去看，而他也常常因为看戏入迷而耽误了读书。

有一天上午，沈从文正在学堂里念书。忽然，远处传来了一阵锣鼓的声音，沈从文的心里就像装了几只兔子一样，扑扑乱跳，再也按捺不住了。这锣鼓声不是别的，正是木偶戏要开始的声音。那天上午沈从文就听人说，这次木偶戏演的是"孙悟空过火焰山"。这么精彩的一场戏怎么能错过呢？要是看不了，沈从文怕是要几天吃不下饭了。沈从文手里虽然还拿着书，可心早已经跑到戏台子那儿去了。

怎么办？沈从文瞥了一眼老师，老师刚好出去如厕了。沈从文想也没有多想，拽起布包，就偷偷地溜出了课堂，箭一般地奔向了戏台子。万幸，戏开始没一会儿！沈从文别提有多高兴了，在戏台子下面又是蹦又是跳。这场木偶戏确实精彩，铁扇公主的芭蕉扇的巨大威力，孙悟空的足智多谋让沈从文着实过了一把瘾。时间就这么不知不觉过去了一个上午，又过去了一个下午，沈从文完全忘记了上学这回事，沉浸在木偶戏的世界里流连忘返。等到太阳落山，沈从文急匆匆赶回学堂时，同学们早就放学回家了。

第二天，沈从文刚进校门，老师就叫住了他，严厉地责问他昨天为什么逃学："你昨天去哪里了？"沈从文羞红着脸，支支吾吾地半天答不上来："我，我，我去看戏了……"老师气得罚沈从文跪在树下，并大声训斥道："你看，这楠木树天天往上长，而你却偏偏不思上进，甘愿做一个没出息的矮子。"

第三天，老师又把他叫去，对他说："人家都在用功读书，你却偷偷溜去看戏。昨天我虽然羞辱了你，可这也是为了你好。一个人只有尊重自己，才能得到别人的尊重。"老师的一番话，让沈从文感动得流下了眼泪。他暗暗发誓，一定要记住这次教训，做一个受人尊重的人。

此后，沈从文一直严格要求自己，他把所有的心思全放在了读书上，长大后成了著名的作家。他写了很多发生在湘西的故事，让美丽的湘西永远留在了人们的记忆中。

苏秦知世间冷暖

苏秦是战国时期一位非常伟大的纵横家，可是他年轻的时候却有一段辛酸的往事。

苏秦年轻的时候住在哥哥家里，跟着父母一起生活，后来哥哥娶了嫂嫂，一家人的日子便开始显得捉襟见肘。起初，哥哥待他还好。但渐渐地，嫂子就觉得他在家里只会浪费粮食。

寄人篱下的日子并不好过，苏秦于是发愤读书，常常在深夜还在研究国家大事，想着有朝一日能为君主出谋划策。终于有一天，苏秦有幸见到了当时的皇帝秦惠王，向他进献了自己的计策，认为以此能够灭掉其他各国，一统天下。不过遗憾的是，惠王并没有采用。

等到苏秦回家的时候，村子里的人早就听说了这件事，嫂嫂和亲友们愈发地轻视他了，说他不自量力。邻居们也开始疏远他，他们认为这个好高骛远的年轻人靠不住。甚至连苏秦的父母也不待见他，常常等一家人吃完饭了才叫他过来吃。

经过这次挫折，苏秦学会了冷静，他用更大的热情投入到学习中。这次他更注重实践，仔细研究纵横术的策略，常常深夜还在挑灯夜读。有时候实在累了，苏秦便把自己的头发吊在悬梁上，这样自己困得低下头的时候就有所警觉了。他甚至还用锥尖扎自己的大腿，以便让自己快点清醒过来。这样艰苦而执著的学习让苏秦的理论和眼光到达了一个全新的层次。之后，他游说列国，说服六国联合起来共同对付秦国。六国君主深以为然，让苏秦全权负责合纵的事宜，还给他挂上了六国相印。

这下他可就神气了，坐着华丽的车子回到了家乡，只看见村里人竟然走出三十里路来迎接他，父母亲切地备下了好酒，叔叔嫂嫂见到他都跪在地上，恭敬到了极点。回想之前受到的种种待遇，苏秦终于看清了世态人情，在家过了没多久，他就回到了朝廷，安心为六国合纵出谋划策，终于成为了流芳百世的战略家。

公艺百忍

唐朝的时候，有个人叫张公艺，相传他的家是旺族，九代同堂住在一块，从来没分过家，邻里乡亲也从来没有听到过这家人吵过架。一大家子人和和气气，人丁兴盛，家道兴旺，广受赞誉。此事传到当时的皇上唐高宗的耳中，他想这么多人住在一块，老老少少，男男女女，又是几代同堂，之间的差异肯定十分巨大，到底是什么原因能让他们住在一起如此和睦呢？如果能知道这其中的奥秘，也许对于自己治理国家、管理朝廷也会有极大的帮助，于是唐高宗就造访了张公艺。

唐高宗见到了张公艺，唐高宗就问他："我听说你们一家九代同堂，彼此之间却非常和睦融洽，你们一家成了当地的模范家庭，你能跟我说说你们是怎么做到的吗？"

张公艺听了唐高宗的问话，也没有直接回答，只是微微一笑，说："如果皇上您真想要知道的话，小人愿意给皇上您写下来，只求皇上您备好纸墨笔砚。"唐高宗立即叫人拿来纸墨笔砚，张公艺不慌不忙地磨好墨，摊开一张大纸，提起笔就写了起来。

唐高宗在上面坐着，看着张公艺在下面专心地写着，他想这张公艺一家果然是有"祖训"流传，如果适用的话，还可以把他的"祖训"传播开去，让人们诵读，这样大家都可以效仿他们一家的做法了。只要百姓大臣家家和睦，那么国家不也就和睦团结、繁荣昌盛了？想到这里，唐高宗不禁露出会心的一笑。

可是，等张公艺写完，将一大叠纸献给唐高宗时，唐高宗顿时就傻了眼，因为这一大叠纸哪是什么"祖训"，而是满满的100个"忍"字。唐高宗更加惊奇地问："这是什么意思呢？"

张公艺缓缓地说道："皇上，这就是我们一家和睦相处的奥秘，所有的道理都在这100个'忍'字里。以往那些宗族为什么不能和睦相处呢？我想原因要么就是各人衣食住行方面的不平等，要么就是长幼之间的礼数不完备，大家互相责备，互相怨恨，自然就会发生种种争闹的事情。但是，如果大家对什么事都能忍耐些，都能忍让些，那么，这个家也就自然变得和睦了。"

唐高宗听了张公艺的话，连连点头称是。

第五章
点亮心中的道德

　　道德具有调节、认识、教育、导向等功能,与政治、法律、艺术等意识形式有密切的关系。中华传统文化中,形成了以仁义为基础的道德思想。道德是引导人们追求至善的良师。它教导人们认识自己,对家庭、对他人、对社会、对国家负有义不容辞的责任和义务,教导人们正确地认识社会道德生活的规律和原则,从而正确地选择自己的生活道路,规范自己的行为。

仁义胡同

董笃行是清初的一个官吏,山东济阳人。他仕途顺畅,在顺治三年考中了进士,几年后又被提拔为左副都御史。即便这样官位显赫,他还是行事低调,从不过分张扬。

某一天,他接到了一封家信,里面措辞严厉,隔着纸张仿佛都能闻到火药味儿。信中详细讲述了家里人盖房因为地基的问题同邻居家发生了争执。邻居说他家盖房多占了两尺邻居院子的地,如果他家不把邻家的两尺地退还,就别想盖房了。家里人希望董笃行能尽快出面调解此事。董笃行看完后莞尔一笑,家里人这不是明摆着想借他的权力来做小动作嘛,但是他又不愿苛责家人,伤了和气不说,可能还会把事情弄僵。于是他想了一会儿,就提笔回了一封信,上面只写了一首打油诗:

千里捎书只为墙,不禁使我笑断肠;

你仁我义结近邻,让出两尺又何妨。

刚好家中人为了调解纠纷,请来了一位有见识的远方叔伯,叔伯看到了董笃行的回信,也不禁微笑。他把家里人集合起来,把董笃行的信读给他们听,并开导他们说:"家里有人在朝中做官,我们的言行应该更为谨慎才是,怎么能如此冲动地跟人发生矛盾呢,更不该试图以权压制别人。这样不仅对在远方做官的亲人造成恶劣的影响,以后邻里之间也不能好好相处了。"大家一听,纷纷点头称是,又看到那封调侃式的回信,不禁觉得自己先前的行为十分可笑。

第二天,董家人就主动在地基上让出了几尺,并找对方和谈,送去了瓜果礼品示好。对方为董家人的仁义和大度所动容,也主动效法,让出了几尺。

结果两家共同让出八尺宽的地方，两家房子建成后，刚巧形成了一条胡同。后来，周边的人都称之为"仁义胡同"，一直流传到今日。

钉子的故事

美国某个州的农场里，住着一户很普通的人家。这户人家只有一个孩子，而且是男孩儿。因为是独生子，男孩儿有些骄纵，渐渐地变得脾气很差。男孩儿的父亲是个很温和的人，很早就察觉到了这一点。于是某一天，这位父亲买来了一袋钉子。

"孩子，你的脾气越来越难以控制了，这样下去可不好。"父亲和善地说道。男孩儿仿佛也意识到了，红着脸低头说："是的，爸爸，我的小伙伴们似乎都慢慢开始远离我了，我也很想改正，但是总是做不到。"

"哦？这样吧，我们一同做一个游戏，这也是一个记录。如果每次你因为坏脾气让你的伙伴难过了，就钉一个钉子在门口的木桩上。"

男孩儿点了点头，当然，他也是这么做的。头一天，他就钉下了37个钉子，但是这个游戏很好地警示了他，慢慢地，他学会了自我控制，每天增加的钉子的数量也越来越少了。

父亲看到了男孩儿的进步，于是又找了个机会对他说，"孩子，这段时间你做得很好，下面我们继续做个游戏。每次你钉上一个钉子，就要去找那个被你伤害过的人，并向他道歉，如果他接受了，你就把那个钉子拔下来。"

男孩儿又点了点头，很快，木桩上的钉子被他拔得差不多了。等到某一天，木桩上一个钉子都看不见的时候，父亲走过去对他说："孩子，你做得很好，现在木桩一个钉子都没有了。你去看看，木桩上还有什么。"

男孩儿照着做了，很快他就跑了回来，肯定地说："爸爸，还剩下一些钉子留下的洞。"父亲慈爱地握着男孩儿的手说道："好孩子，你看到了，那些洞将一直存在，就算你把钉子拔掉了也一样。你的坏脾气就像那些钉子，你每对别人发一次脾气，就如同在对方心里钉上了一个钉子。不论你说了多少次对不起，他心里的创伤将一直存在，就跟那些洞一样。话语的伤痛比这些洞更让人难过。"男孩儿恍然大悟，惭愧地点头道："我明白了，爸爸，谢谢您。"

从此以后，男孩儿真的很注意克制自己的情绪，等他长大之后，也成了一个很优秀的人。因为他一直记得木桩上的钉子和拔掉钉子留下的黑洞。

疾风知劲草

西汉末年，由于统治者的腐败，人民的生活处于水生火热之中。公元17年，终于爆发了全国性的农民起义。这时一位叫刘秀的皇族后人，乘机和兄长刘縯起兵响应，加入了起义军。在行军的途中，有个名叫王霸的人带领一批人来投奔刘秀。王霸为人慷慨豪放，谈吐不俗，志向远大，因此受到了刘秀的重用。王霸跟随刘秀打了很多仗，建立了不少功勋。

可是没有多久，王霸因为父亲年老体弱，就向刘秀辞别，回家去侍奉老父亲了。后来，刘秀率领军队经过王霸老家的时候，就亲自到王霸家拜访。一来是为了看望王霸的老父亲，二来也是想让王霸能够和他一起再上战场，因为这个时候刘秀太需要人才了。王霸见到了刘秀，深受感动，请求父亲让他离家再追随刘秀。王霸的父亲也是个深明大义的人，他对王霸说："既然刘将军这么看重你，你就跟着他坚定地干下去吧，千万别半途而废，也别辜负刘将军的一片厚爱。"就这样，王霸收拾好行李，第二天就跟着刘秀走了。

就在这一年，被起义军推为首领的刘玄自立为王。刘玄对刘秀兄弟十分猜忌，一上台就找借口杀害了刘縯。刘秀怕自己也遭到杀害，就请求刘玄派自己到河北去招抚各州郡归顺，刘玄同意了。

刘秀让王霸和他一起前往河北。当时，刘玄的势力还没有到达河北，所以到那里去招安是很危险的。刘秀带军进入黄河以北后很不顺利，处境非常危险，军队也十分困乏。随从中许多人对前途失去了信心，又怕艰苦，便纷纷离开了刘秀。之前和王霸一起投奔刘秀的几十个人，也都陆续不辞而别，只有王霸还和以前一样，忠诚地跟着刘秀。刘秀看到这种情形，不禁感慨地对王霸说道："从前在颍川跟随我的人现在都跑了，只有你还忠心耿耿地留在我身边啊。只有在迅猛的风中才能知道哪棵草是坚韧的，这话现在算是得到了验证！"

后来，刘秀和王霸在河北积极活动，以恢复汉家制度为号召，取得了部分官僚、地主的支持。他们镇压和收编了起义军，力量逐步壮大起来。公元25年，刘秀看时机成熟，就脱离了刘玄的政权，自立为王，史称东汉光武帝。而一直跟随刘秀的王霸先后被封为富陂侯、偏将军、讨虏将军。

君子之交淡如水

薛仁贵是唐朝的一名大将，可是在他当上大将军之前，却是一个穷困潦倒的人。薛仁贵很小的时候就死了父亲，生活很艰苦，但是他天生臂力惊人，加上刻苦练武，因此武功超群。只因出于贫寒之家，一直得不到别人的赏识。薛仁贵长大成人以后，娶了妻子成了家，他的生活负担更重了。虽然薛仁贵也很勤劳耕种，但是收获的粮食也只够他们填饱肚子。没有办法，他只好和妻子住到了一个窑洞里。冬天的窑洞又黑又冷，薛仁贵有时好几天吃不上一顿饭。和薛仁贵同乡的一个叫王茂生的人，自小和薛仁贵是好朋友。所以当他看到朋友挨饿受冻时，毫不犹豫地就把自己家仅剩的一点粮食拿来救济薛仁贵夫妇，尽管他自己家里也常常揭不开锅。

薛仁贵30岁那年，正遇到皇帝李世民御驾亲征辽东。他的妻子和王茂生看这是个极好的机会，都劝薛仁贵去从军，也好使出自己的这一身本领。且说那些开国大将都老了，皇上这时最需要的就是一名猛将。薛仁贵听了觉得很有道理，就告别妻子和王茂生，应征入伍，开始了他的沙场生涯。薛仁贵打仗的时候非常勇敢，加上他的一身好武艺，很快他就立下了不少功劳。皇上非常赏识他，就封他做了"平辽王"。

薛仁贵一当上大将军，顿时身价百倍，前来王府送礼祝贺的文武大臣络绎不绝。可这些都被薛仁贵婉言谢绝了，他唯一收下的是远在千里之外的王茂生托人送来的"美酒两坛"。薛仁贵让下人打开酒坛，酒坛一打开却发现里面装的是清水，下人不禁吓得面如土色，以为这是送礼的人戏弄薛仁贵。下人哆哆嗦嗦地告诉薛仁贵："报告将军，这坛子里，这坛子里装的是清水，不是什么美酒。"

薛仁贵听了，不但没生气，还命令下人取来大碗，当众喝下了三大碗。在场的文武百官不解其意，你看看我，我看看你。薛仁贵喝完之后，说："我过去落魄时，全靠王茂生兄弟的帮助，没有他也就没有我今天的荣耀。现在我美酒不喝，厚礼不收，却偏偏要收下王兄送来的这两坛清水，因为我知道王兄贫寒，送清水也是王兄的一番美意，这就叫君子之交淡如水。"众人听后，都纷纷赞叹薛仁贵和王茂生的友谊。而他们这段"君子之交淡如水"的佳话也就流传了下来。

水的智慧

巴尔扎克是法国的一个大文豪。1829年，巴尔扎克出版了一部长篇小说《最后一个舒昂党人》。小说一出版就轰动了，但是也有人对这部作品很不满，甚至有人对这本书提出了批评。

有一次，一位名叫萨乐豪姆的读者给巴尔扎克写了一封信说："你那《最后一个舒昂党人》算是什么作品？你到底会不会写小说？你审视过自己的观点吗？"巴尔扎克看完信后，不仅没有生气，反而还给萨乐豪姆写了一封回信，他在信中说："我很高兴您对这本书有不同的看法，您的一些想法很有道理，今后您如果有机会来巴黎，欢迎到我家坐坐，相信我们会有更好的交流。"

巴尔扎克的一位朋友知道这件事情以后，忍不住替巴尔扎克打抱不平，说："你怎么能这么软弱？别人写信来骂你，你竟然还邀请别人来做客？"巴尔扎克笑笑，说："你知道水的智慧吗？"那位朋友说："水也有智慧吗？"巴尔扎克说："那是当然，如果你认为我这是软弱的话，那么水的智慧就是软弱。"他的朋友听得似懂非懂，疑惑地看着他。

信寄出去两个月后的一天，巴尔扎克正在家里和他的朋友谈论文学，忽然有人敲门，巴尔扎克开门后，一位陌生人走了进来，陌生人说："请问巴尔扎克先生在吗？我是一位里昂来的读者。"

巴尔扎克把他请进屋后，一聊才知道，原来这位读者就是前不久寄信来骂他的萨乐豪姆。于是三个人就坐在一起谈起那本书来，气氛非常融洽，直谈到天黑时萨乐豪姆才起身准备离去。他站起来由衷地对巴尔扎克说："我非常敬佩您的胸怀，我那封信写得实在是太糟糕了。假如我是您，收到这样一封信，肯定直接撕掉了，没想到您不但没有生气，反而还那么客气地邀请我来做客！"

送走萨乐豪姆后，巴尔扎克的那位朋友不解地说："我只是觉得你很软弱，可是为什么他会那么尊敬你呢？"巴尔扎克还是笑笑说："水的智慧就是当它遇到攻击时，它不仅不会一味地反抗，相反它会敞开心扉来容纳别人，只有这样，外来的力量才会和水相容。你用一块石头去砸外面的马路试试看，强硬对抗强硬是不能化解任何矛盾的，反而会导致两败俱伤。"听完巴尔扎克的话，那位朋友若有所悟地点了点头。

华罗庚和陈景润的情谊

华罗庚是我国现代著名的数学家。他高中肄业,饱经苦难,自学成才。在数论、矩阵几何学、典型群等许多领域都做出过卓越贡献。著有论文200多篇,专著十几本。华罗庚虽然成就卓著,却仍旧十分谦虚。他有一部数学著作叫《堆垒素数论》,自发表以来赞誉不绝。

年轻的厦门大学图书管理员陈景润,在阅读研究华罗庚的《堆垒素数论》时,发现这部著作在阐述它利问题上有重要谬误。经过反复研究,陈景润确信自己的见解正确无疑,就写了一篇驳斥其谬误的论文,并附以短信,一并寄给了华罗庚。陈景润在信中写道:"您是数学王国里的一颗明星,照亮了我这个数学爱好者的眼睛,我不胜感激。但是,明星上也可能有微尘,我愿帮助您拂去。"

华罗庚看了信,读了论文,激动不已,拍案叫绝:"对,对,太对了!反驳得如此中肯,如此有力!"他若有所思,说:"这位年轻人身上,该蕴藏着多么大的潜能啊!"

1956年,中华人民共和国第一次数学讨论会在北京召开,华罗庚主持了这次会议。当他走上主席台时,宣布的不是大会开始,而是一件人们意想不到的事情:"一位年轻人,给我寄来一篇论文和一封信,提出了我的《堆垒素数论》中的它利问题中的谬误,弥补并改进了它利问题。"说这话时,华罗庚显得那么深沉,那么庄重:"我提议破格接受这位年轻人参加数学学术讨论会!"

会场上响起了热烈的掌声,经久不息。一些老一辈数学家还落下了热泪,大家是因年轻一代数学爱好者的进取而激动,更是为老数学家的谦虚而感动。

后来，华罗庚把不知名的陈景润调到中国科学院数学研究所，留在自己身边，成为他的授业导师。华罗庚除了给予陈景润学术上的指导和帮助之外，还教会了这个和自己有过相似境遇的学生如何面对生活中的困难和挫折，如何选择自己的人生道路。陈景润并没有辜负导师的一片期望，他通过刻苦钻研，取得了世界上研究"哥德巴赫猜想"最好的一个成果，距离这颗数学王冠上的明珠仅有一步之遥，也成了享誉世界的数学家。

华罗庚对陈景润有知遇之恩，陈景润视华罗庚更是"一日为师，终生为父"。他们师生之间的这段隆情厚谊在数学界传为美谈。

庾衮侍疫

晋朝的时候，有一个人叫庾衮，他出生在一个农户家里。庾衮出生的时候，上面已经有三个哥哥，他出生以后，家里又陆续添了两个弟弟。一个这么多小孩的农户之家，生活自然就变得十分贫困拮据。庾衮小的时候，家里粮食常常不够吃，每次做饭，母亲总是尽量少煮一点，以便节约米粮。可即便这样，庾衮也没怎么饿过肚子，因为每次吃饭，他的三个哥哥都会省下自己的那一份，分一点给弟弟们，尽管他们自己的分量本来就不多。等庾衮长大了一些，他也学着哥哥的样子，省下一些自己的饭给还在长身体的两个弟弟。

因为吃饭的人多，自然就需要有更多的人去干农活挣口粮，所以庾衮很小的时候就跟着父亲和哥哥们下地干活。可是，哥哥们从来不让他做重活，总是给他分配些最轻松的活，不让他累着。哥哥们上山砍柴，回来时也会给庾衮带一些野果子。在庾衮看来，哥哥们是世界上最好的人。在哥哥们的关爱下，庾衮慢慢地长大了。

可是好景不长，有一年，村里暴发了一场大瘟疫。瘟疫就像恶狼一样，四处伤人，村里陆陆续续死了很多人。瘟疫进一步在蔓延肆虐，终于来到了庾衮家里，最先倒下的是庾衮的大哥和三哥，没几天，他们就死了。瘟疫的恐怖笼罩着整个村庄，大家都纷纷想着要逃命，庾衮一家人也准备去远房叔伯那里避一阵子。可就在这个时候，庾衮的二哥庾毗也染上了瘟疫。他一染上疫病就不断发烧呕吐，躺在床上走不了了。在这危急的时刻，庾衮的父亲母亲决定带着庾衮和两个弟弟离开，扔下庾毗不管，因为他们知道就算带着庾毗，他也必死无疑，而且很可能会传染给其他人。

可是，不管父母亲怎么劝说，庾衮就是不肯走，他说要一个人留下来照顾二哥。父母亲拉他走，他就用力地抓着门框，任父母亲怎么使劲，就是不肯松手。他哭着说："我不能留下二哥一个人在这里，没有人照顾他，他肯定会死的。你们走吧，别管我了，我是天生不怕瘟疫的！"父母亲没有办法，只得流泪离去。

尽管庾衮已经见识了这场瘟疫的厉害，可是他仍然不放弃对二哥的希望。他相信只要二哥能熬过去，就一定可以恢复正常的。每天，庾衮都上山去挖草药，然后熬药给二哥喝。他一想起当初兄弟几个在山上玩耍的情景，想到哥哥们给他摘的野果子，就忍不住悲伤得痛哭起来。"现在大哥和三哥都已经去世了，二哥说什么也不能有事！"庾衮在心里暗暗地说。

就这样，过去了近一百天，瘟疫渐渐地退了，二哥在庾衮的照顾下竟然奇迹般地活了下来。等父母亲带着两个弟弟回来时，他们看到庾衮和庾毗好好地活着，不禁又惊又喜又愧疚。

两大文豪的传奇友谊

在俄罗斯的文学史上，有两位大文豪的友谊跟他们的作品一样，传奇而又珍贵，被人广为传颂。他们就是列夫·托尔斯泰和屠格涅夫。

有一次，托尔斯泰到屠格涅夫家中做客，屠格涅夫便对上门的托尔斯泰说他十分重视让女儿从事慈善事业，他特别介绍说自己的女儿目前正受到一位女教师的影响，亲自收集贫困农夫的破衣裳，亲手缝补完毕后再归还原主。屠格涅夫这么说，无非也是为了稍稍夸耀自己的教育成果。

托尔斯泰听了并不认同，他认为真正的善行应该出自内心而非表面，于是这一位直肠子的朋友毫不犹豫地说道："我认为让一位漂亮的姑娘把一些又脏又破的衣服摆在膝盖上，像极了一出戏！"

屠格涅夫被激怒了："您这样说，是在暗示我教坏了女儿吗？"

托尔斯泰也毫不相让，他认为这种贵族的教育体系虚伪做作，简直毫无用处。

两人争论来争论去，最后屠格涅夫竟然当众说，如果托尔斯泰继续这么说下去就要给他一记耳光。一场聚会就这么不欢而散。

事后，屠格涅夫意识到自己态度过于粗鲁，不该对朋友这样，但是托尔斯泰的怒气明显未消，还送信过来要求进行真正的决斗。由于两个朋友都是急性子的人，因而这次争执令双方关系越来越僵，两人最终断绝了联系。

1878年一个特殊的日子里，托尔斯泰刚满50岁，回望过去的人生让他感慨良多，而同屠格涅夫的决裂一直是他心头抹不去的阴影。于是，在两人断交17年后，他给远在巴黎的老朋友写了一封意义非凡的信，他在信中动情地写道："在我们这个年纪唯一的幸福是——与人和睦相处。"

屠格涅夫收到信后不禁老泪纵横，他立刻回信给了托尔斯泰。就这样，尘封多年的感情在岁月的交响中发出了灿烂的光芒。三个月后，两位老朋友相逢了，时间在增添皱纹的同时也增添了感情。

唐太宗仁爱治国

唐太宗李世民是我国历史上著名的明君，也是一位富有仁爱之心的皇帝。唐人吴兢编撰的《贞观政要》记载了几个事例，足以说明唐太宗是一位以仁爱治国的皇帝。

贞观初年，唐太宗对侍臣说："妇女幽禁在深宫中，情况实在可怜。隋朝末年，无休止地搜求选取宫女，以至于皇帝临时居住的离宫别馆，甚至不是皇帝驾临的处所，都聚有很多宫女。这都是浪费百姓财力的做法，理应废除。而且宫女除了洒水扫地以外，还有什么用呢？现在我打算放她们出宫，任由她们选择丈夫。这不仅可以节省费用，同时使百姓可以休养生息，而且也可使她们各自成全自己的性情。"于是后宫前后一共放出三千多人出宫。

贞观二年，关中一带干旱，发生了大饥荒。太宗对侍臣说："水旱不调，都是国君的罪过。我德行不好，上天应该责罚我，百姓有什么罪过，要遭受如此的艰难窘迫？听说有人卖儿卖女，我很可怜他们。"于是派御史大夫杜淹前去巡查，拿出皇家府库的钱财赎回那些被卖的儿女，送还他们的父母。

贞观十九年，太宗征伐高丽，驻扎在定州。太宗驾临城北门楼安抚慰劳将士。有一个士兵生病，不能进见，太宗下诏派人到他床前，询问他的病痛，又敕令州县为他治疗。因此将士都示意随从太宗出征。等大军回师，驻扎在柳城时，太宗又诏令收集阵亡将士的骸骨，设置牛、羊、猪三牲为他们祭奠。太宗亲自驾临，为死者哭泣尽哀，军中将士无不洒泪哭泣。观看祭祀的士兵回到家里说起这件事，他们的父母说："我们的儿子战死，天子为他哭泣，死而无憾了。"太宗征伐辽东，攻打白岩城时，右卫大将军李思摩被乱箭射中，太宗亲自为他吮血排毒，将士无不受到感动和鼓励。

李世民以仁爱治国，示范官吏、深得民心，无疑为唐朝的繁荣富强奠定了基础。

疏广散财播仁爱

有智慧的官吏，非常注重培养仁爱之心，广布仁爱之德。因为他们知道，具有仁爱之心容易得到上司的欣赏和百姓的爱戴，有可能官位长保，即使退位后也能得善终。一个官吏如果缺乏仁爱之心，得到百姓的拥戴。

西汉时，有位叫疏广的人，很有学问，曾在朝廷担任博士，后来还做过皇太子的老师，地位极其显赫。当他告老还乡时，皇帝和太子赐给他很多金银钱财。

疏广回到家乡后，把这些赏赐都分给了那些需要帮助的乡亲们。有人劝他，应为自己打算，或用这些钱财为自己购置田产，或把钱财留给子孙。但疏广却说："这些钱财是皇上和太子赐给我的，我要将它取之于民用之于民。至于子孙今后的生活，不能依靠我，而要靠他们自力更生，艰苦创业。他们如果有出息，就不需要我留给他们钱财，如果他们没有出息，我留给他们的钱财越多，就会害他们越深。你们说我还需要留钱财给子孙吗？"

疏广的一席话，说得在场的人无不点头称是。

诚信是做人的品德

儒家伦理中关于为人处世的准则之一就是"诚信"，离开了诚信，就无法立足于世，就无法交到朋友。我国历史上就留下了许多关于诚信的故事。

在宋朝的时候，有个叫查道的人，为人格外讲究诚信。有一天，他和仆人挑着礼物去看远方的亲戚。走到中午，两个人都饿了。正好他们路过一个枣园，查道见树上挂满了熟透的枣子，便叫仆人去树上摘些枣子来吃。两人吃完后，查道拿出一串钱，挂在摘过枣子的树上。这时，仆人觉得奇怪，就说："枣园的主人不在，何必这样认真呢？"查道却说："讲诚信是做人应有的品德，虽然枣园主人不在，也没有别人看见，但我们既然吃了人家的枣子，就应该给钱。"仆人为此格外佩服查道的人品。

东汉时，张劭与范式同在京城洛阳读书，两人结下了深厚的友谊。学业结束了，二人分别时，张劭伤心地说："今日一别，不知什么时候才能再相见。"范式安慰张劭说："不要伤心，两年后立秋的那天，我一定会去看你的。"

光阴似箭，日月如梭，约定的日期到了，张劭对母亲说："母亲，范式快来了，我们赶紧准备准备迎接客人吧！"

张母说："傻孩子，范式家离这里有一千多里路，人家当时只不过为安慰你才那么说的，怎么会真的来呢？"可是刚过中午，范式就风尘仆仆地赶到了，张母为此感叹地说："天下真有这么讲信用的朋友啊！"范式进堂屋拜望了张劭的父母之后，与张劭一家开怀畅饮，随后欣然辞别。

范式守信的故事至今都是人们所津津乐道的美谈。古人尚且能够如此，在市场经济高速发展的今天，我们更应该以范式为榜样，言而有信，一诺千金。

秦始皇拜荆条

秦始皇焚书坑儒，落得个千古骂名，可他尊敬老师的故事却鲜为人知。那是秦始皇统一中国后，在公元前215年的秋天，他第四次出巡时发生的事。

当时，秦始皇在文武群臣的护卫下，乘着马车，浩浩荡荡地从碣石向东北的仙岛前进。随着节奏均匀的马蹄声，秦始皇不觉沉入对往事的追忆中。他回想起了自己幼年的老师，仿佛他就在自己的眼前。那老师虽说严厉，可令人钦佩难忘。"我嬴政能有今天的成就，说起来其中也有他的一份功劳啊！"秦始皇不禁在心里暗暗想道。

那位威严的老人，第一次给秦始皇授课时讲的就是他家的姓。他先分别讲了"亡、口、月、女、凡"，然后再合成一个"嬴"字。他要求嬴政第二天来上课时就要默写。"老师，这字太难写了。"年幼的嬴政连连称难，并耍起了脾气，把笔扔在了地上。

"什么？一个'嬴'字就把你难住了，那将来秦国还怎么靠你去治理，让它变得更强大？以后难事还多着哩，你就这样知难而退吗？"说着老师就举起了荆条，在年幼的秦始皇手心上重重地打了好几下。年幼的秦始皇吸取了教训，就再也不敢随便说困难了。

"可惜我已经多年没再见到这位老师了，听说他老人家已经去世了。"想到这里，秦始皇不免有点伤心。突然，车停了，侍卫报告说："仙岛离这里已经不远了，请皇上下车换马。"于是，秦始皇换乘了自己心爱的大白马。

走了没多久，秦始皇就来到了岛上。等到他低头看到眼前的一丛荆棘时，他忽然下马，撩起衣服跪拜起来。一起来的大臣们看到这个情景，不明白发生了什么，也都跟着拜了起来。等秦始皇站起身来，大臣李斯才问他为什么参拜。

秦始皇深情地说："众位大臣啊，你们不知道，这个岛屿上所生长的荆条，正是我幼年在邯郸时老师所用的荆条，我见到荆条，就像见到我的恩师，怎么能不拜呢？"

后来，人们就把这个岛称为秦皇岛。传说岛上的荆条被秦始皇敬师的精神所感动，都垂首向下，就像在叩头答谢。

希克力种树救父

希克力出生在法国南部一个名叫马尔蒂夫的小镇，这里气候干燥，河流稀少。在这儿，曾经发生过一起严重的化工厂毒气泄漏事故。希克力的母亲就不幸死于这次事故。而更可怕的是，自从那次事故之后，小镇开始流行一种罕见的肺病，接连死去的人越来越多，医生至今也没有查清病因，只是觉得这和工厂毒气泄漏之后造成的空气污染有关。

1982年春天，希克力的父亲也不幸患上这种可怕的肺病，他开始经常咳嗽，总是觉得胸闷气短。那一年，希克力才16岁，他太爱自己的父亲了，不想再失去父亲。希克力找到医生，问有什么救助的方法。一位医生告诉希克力，这种肺病的病因也许是空气中的有害物质太多，如果让病人生活在空气新鲜的森林里，改善呼吸环境，也许还有一线生机。

可是别说森林，这个小镇上由于气候干燥，水源稀少，连树都没有几棵。希克力回到家，望着门前一片光秃秃的土地，忽然灵机一动："为什么不种一些树呢？等到树长大了，父亲的病也许就会好起来。"于是，希克力买回很多树苗，在自家门前的地上挖坑栽种上。

镇上很多人建议希克力放弃这个"愚蠢"的想法。学校的老师屡次找他谈话，劝他不要异想天开。希克力依然我行我素，人们就嘲笑他，称他为怪人。每天早晨起来，希克力干的第一件事，就是看树苗长高了多少。遇到恶劣天气，希克力会为树苗搭起帐篷，保护树苗免遭灾害天气的摧残。一年后，他栽下的100多株树苗有43株成活。小树长得非常茁壮，枝头泛着点点绿色，在这个难得看见绿色植物的小镇上，显得格外醒目、生机盎然。也就是在这一年，希克力高中毕业了。他留在小镇，当了一名卡车司机。有空的时候，他就护理那些树苗。一年又一年过去了，希克力家门前的树木成林。希克力经常搀扶着父亲去林中散步，老人的脸上渐渐有了红润，咳嗽比以前少多了，身体大大好转。

1998年秋天，希克力遭受了两次沉重打击：妻子在一次车祸中不幸身亡；他的树林发生严重的病虫害，树木成片枯死。可是，希克力没有被击倒，依然顽强地抗争着。绿色的树林，渐渐占据曾经的不毛之地，带来新鲜的空气，引来歌唱的小鸟。这时，小镇上的居民们目睹了希克力创造的奇迹，纷纷投入到种树行动中，小镇的树木越来越多，树木的面积扩大到数百公顷，放眼望去，小镇的四周形成了绿色的屏障。

2005年年初，医学专家对希克力的父亲再次诊治，发现他不可思议地痊愈了。医生们无法给予合理的解释。一个医生的话或许能说明原因："坚定不移的信念和积极向上的精神状态，有时，比任何先进的医疗手段更为有效！"希克力的行动感动了法国人民，他被评为"2004年法国最健康和最孝顺的男人"。

郯子扮鹿求鹿乳

郯子是我国春秋时期的人，他出生在一户普通的农民家庭，父母膝下只有他这一个独子。从小开始，父母就时时刻刻注意培养孩子美好的道德情操和良好的生活习惯。

在父母的关怀下，郯子一天天地长大了，从一个稚嫩的孩童，变成了一个有力青年。父母亲年事已高，地里的活儿已经干不动了，于是，郯子就挑起了赡养老人的生活重担。他白天下地干活，晚上陪着父母拉家常，等父母睡下之后，还要读书学习。一年到头，几乎天天如此。生活虽然很艰辛，但郯子却觉得非常充实。

可是，在郯子26岁的那一年，他的父母同时染上了一种奇怪的眼病，两个人都双目失明了。郯子到处求医问药，整天在外奔波，也不知道试了多少种偏方奇药，数年过去了，父母亲的眼睛依然见不到丝毫的光明。

尽管如此，郯子丝毫也没有动摇让父母双目复明的信心，仍然四处打听探问。直到有一次，他找到了一位世家名医。这位名医对郯子说，他祖传有个药方对于治疗眼疾有神奇的效果，但这个药方中的药引子万分难求，难就难在它是野鹿乳。医生说，野鹿乳能滋润真阴、济助元田、消除阴翳，但是野鹿多是群居的，且警惕性极高，见人便奔跑逃避，很难靠近。更为困难的是，要治愈失明已久的病人，必须取野鹿的鲜乳服用才能达到效果。特别是倘若母鹿因被捕获而受到惊吓，则鹿乳的药用价值就大大降低了。

郯子想了很多办法，都没有成功接近母鹿。最后他决定身披鹿皮，扮成鹿的模样，混入鹿群，以求获取新鲜的鹿乳。为了消除自己身上的气味，郯子还躺在鹿粪里打滚。经过一番处理准备，在郯子悄悄接近鹿群时，鹿群果真以为他是同类，都没有避开他。郯子就这样模仿鹿的各种举动混在鹿群中，当他看见一头小鹿在喝母鹿的奶时，他高兴极了，偷偷地拿出容器挤了点鹿乳。经过一天的奔跑跟走，郯子终于获得了一小罐鹿乳。

可就在回家途中，郯子遇到了捕猎者，他险些被误认为是真鹿而遭箭射。幸好，郯子及时脱了鹿皮，说明了原委。捕猎者对他敬佩不已，便沿途护送郯子出山返家。

说来真是神奇，郯子的父母亲连续喝了加野鹿乳的药，几个月之后，眼睛真的慢慢恢复了光明。从此，郯子的贤名就这样传开来了。

卫鞅立木建信

战国时期，有七个非常有实力的大国：齐、楚、魏、赵、韩、燕、秦，称为战国七雄。那时秦国在西部，相对于其他国家，国力比较落后。公元前361年，秦孝公即位后，就想向中原发展势力。他下了一道搜罗人才的命令："不论是本国人还是外来客，谁能让秦国富强，就能得到重用。"很快，卫国有个名叫卫鞅的人得到了秦孝公的赏识，秦孝公让他计划改革秦国制度。可是，不少贵族大臣反对，毕竟这卫鞅不是本国人，把一个国家交给一个外来客实在放心不下。可是秦孝公凭着自己看人的眼光，对卫鞅极为信任，他拜卫鞅做左庶长，改革制度由他拿主意。

公元前359年，卫鞅起草了一道改革法令。秦孝公看了，觉得非常好。尽管得到秦孝公的信任，可是卫鞅还是怕老百姓不相信而不配合，自己的改革法令也就没法实施了。几经思考之后，卫鞅就叫人在南门竖了一根木头。还广发布告："谁能把这根木头扛到北门去，就赏他十两金子。"布告一出，城里的老百姓都跑来看热闹了。大家看看这根木头，不过是根很普通的木桩，只要是个成年人，扛到北门简直是小菜一碟。大家不知道这外来客要搞什么名堂，是不是要取乐他们，所以明知道这事轻而易举，可就是没有人上前去扛那根木头。

几个时辰过去了，卫鞅见老百姓还只是在那儿看热闹，他知道大家对自己还是不信任。于是又下了一道布告，把赏金从10两加到了50两。这下子，人群又议论开了，大家不仅没去扛木头，反而对卫鞅的布告更加不相信了，扛个木头就能得50两金子，难道这外来客是个傻子吗？

这时，有个小伙子愣头愣脑地说："你们都不去，我扛去！扛个木头有什么难的，难不成还要定我罪吗?"说着，这个小伙子扛起那根竖着的木头，一口气儿走到了北门，这木头实在轻得很。大伙儿好像看耍猴儿似的跟在他后头瞧热闹，他们都想知道这小伙子究竟会不会得到那50两金子，看看这个布告是不是个圈套。

等小伙子把木头扛到北门，卫鞅立刻叫人赏了他50两金子，表扬他对朝廷的信任。这下子，后面跟着的人群都傻了眼，万分后悔自己的迟疑。这件事很快传遍了都城，不久，全国的人都知道了。大家知道，这外来客卫鞅是个说话算话的人。

之后，卫鞅就开始了自己在秦国的变法。秦国变法之后，仅仅十几年工夫，就变成了一个富强的国家。后来，秦孝公封卫鞅为侯，把商於一带15个城封给他，称他为商君，这样卫鞅就叫商鞅了。

一英镑的诚信

18世纪的英国，有一位有钱的绅士。一天夜里，他正走在回家的路上。突然，不知从街道的哪个角落里走出来一个身影，拦在他面前。绅士借着路灯昏暗的光，看清了原来是一个蓬头垢面、衣衫褴褛的小男孩。

"先生，请您买一包火柴吧！"小男孩说道。"我不需要。"绅士说着，躲开小男孩，准备继续往前走。"先生，请您买一包吧！我今天什么东西都没吃，您买下这包火柴，我就有钱去买食物了，请您买一包吧！"小男孩追了上来，用一种近乎哀求的语气说道。绅士见躲不开小男孩，便说："可是我身上没有零钱呀。"

"先生，您可以先拿上火柴，我去给您换零钱。"小男孩用他那双天真又饱含无限希冀的眼睛看着绅士说。绅士犹豫了一会儿，但是小男孩似乎很执着，绅士不免有些可怜起小男孩。他从钱包里拿出一英镑递给小男孩，说："你去换吧，我在这儿等着你。"小男孩拿着绅士给的一英镑，转身快步跑开了。可是，绅士等了很久，也不见小男孩回来，绅士认定自己上当受骗了，只好无奈地回家去了。

第二天，绅士正在自己的办公室工作。仆人进来说，门外来了一个小男孩，要求面见绅士。于是，小男孩被叫了进来，这个小男孩比卖火柴的那个小男孩矮了一些，穿得更破烂。

"先生，昨晚真是对不起，让您久等了，我哥哥让我把零钱给您送来了。"小男孩低着头说。绅士心底不禁一阵欣喜，因为他早已认定自己是受骗了，他问道："你的哥哥呢？怎么让你来了呢？"

"我的哥哥在换完零钱回来找您的路上被马车撞成了重伤，现在在家躺着呢……"小男孩说着就流下了泪。

绅士深深地被小男孩的诚信所感动了。"走！我们去看你的哥哥！"绅士说着拉着小男孩的手就出去了。到了小男孩的家一看，家里只有男孩的继母在照顾受重伤的小男孩。一见到绅士，小男孩要从床上挣扎着坐起来，说："先生，对不起，我没有按时把零钱给您送回去，失信了！"

绅士没有说什么，因为泪水已经在他眼里打转。当他了解到两个男孩儿的亲生父母都去世了时，毅然决定把他们生活所需要的一切费用都承担下来。

高山流水

有一年，俞伯牙奉晋王之命出使楚国。他乘船来到了汉阳江口，遇到了风浪，就停泊在一座小山下。晚上，俞伯牙雅兴大发，就拿出随身带来的琴弹了起来。他弹了好些曲子，正当他沉醉在自己的琴声之中时，猛然看到有一个人站在岸边一动不动，很长时间都不走。俞伯牙很纳闷，就下

船前去询问那个岸边的人。

那个人就对他说:"先生,我是个打柴的,回家晚了,走到这里听到你在弹琴,就不由得听了起来,你弹得太好了,我还在回味。"

俞伯牙仔细一看,那个人身旁放着一担干柴,果然是个打柴的人。俞伯牙心想:一个打柴的樵夫,怎么会听懂我的琴呢?于是他就问:"你既然懂得琴声,那就请你说说看,我刚刚弹的是一首什么曲子?"

听了俞伯牙的问话,那打柴的人笑着回答:"先生,你刚才弹的是孔子赞叹弟子颜回的曲谱。"

打柴人的回答一点不错,俞伯牙不禁大喜,就忙邀请他上船细谈。俞伯牙又为打柴人弹了几曲,请他辨识其中之意。当他弹奏的琴声雄壮高亢的时候,打柴人就说:"这琴声,表达了高山的雄伟气势。"当琴声变得清新流畅时,打柴人就说:"这琴声,表达的是山间流淌不息的溪水。"

俞伯牙听了欣喜万分,自己用琴声表达的心意,过去从没人能听得懂,没想到在这山野之中,眼前的这个樵夫竟然听得明明白白。于是俞伯牙问明了樵夫的名字,他叫钟子期。就这样,他们两个人便在船上谈起心来。俞伯牙弹着曲子,钟子期闭着眼聆听着,接着就用歌声相和。山野之中,弥散着他们两个人的绝妙之音。

从这以后,俞伯牙就视钟子期为自己的知音,成了终生的挚友。他们时常聚在一起,弹琴交心。钟子期去世后,俞伯牙专门来到钟子期的坟前,弹了平生最后一首曲子,然后悲伤地说:"我唯一的知音已不在人世了,这琴还弹给谁听呢?"说着他就扯断琴弦,把琴重重地扔在地上,摔得粉碎。

两位"知音"的友谊感动了后人,人们在他们相遇的地方,筑起了一座古琴台。直到今天,人们还常用"知音"来形容朋友之间的情谊。

管鲍之交

春秋时代，齐国有一个宰相叫管仲，他辅佐齐桓公，使齐国成为东方的霸主。管仲有一个从小就在一起的好朋友，叫鲍叔牙。

管仲和鲍叔牙曾经一起合伙做生意，每次赚了钱，管仲总是能多分到一些。朋友都认为鲍叔牙吃了大亏，他们对鲍叔牙说："鲍叔牙，你真是糊涂，你们两个人合伙做买卖，其实本钱都是你的，为什么赚了钱，你还要多分钱给管仲啊？至少也得一人一半！"

鲍叔牙回答说："你们不明白，管仲的家境不好，他还有老母亲要奉养，我家比他要好过很多，他多拿一些是应该的。"听到这样的回答，朋友也就无话可说了。

管仲和鲍叔牙也曾经一同上过战场。打仗的时候，管仲总是躲在最后面，表现得一点都不勇敢，其他士兵都对他很不满。鲍叔牙知道这件事之后，就对他们说："管仲不肯拼命是有原因的，他的母亲年纪大了，只有他这么一个儿子，他是怕自己万一有个三长两短，他的母亲就没人奉养了。"

管仲做了几次官，但每次都因为表现不好而被免职，于是大家都耻笑他。鲍叔牙就对那些人说："其实，管仲是非常能干的，只是运气不好，这些小事不适合他来做，他将来是要做大事情的。"

后来，管仲辅佐公子纠又失败了，而鲍叔牙辅佐的公子小白却接任了齐国的王位，公子小白就是齐桓公。齐桓公当上皇帝后，就想请鲍叔牙来当宰相。不料，鲍叔牙却说："感谢皇上您这么看重我，只是我的能力实在无法担当这个重任。不过，我倒有一个人可以推荐给皇上，有了他，齐国必定会强大起来。"齐桓公忙问是谁，当他知道是管仲时，却不免有些恼怒了。因为大家知道，在管仲辅佐公子纠时，他曾经射过齐桓公一箭，齐桓公还险些丧了命。但是在鲍叔牙的极力推荐下，齐桓公决定尽弃前嫌，任用管仲。果然，后来齐桓公在管仲的辅佐下，将齐国治理成富足强大的国家，成为东方的霸主。

管仲后来经常对人说："生我养我的是父母，可是了解我、帮助我的，却是鲍叔牙呀！"

第六章
保持一颗宽容的心

宽容，是一种豁达，也是一种理解、一种尊重、一种激励，更是大智慧的象征，是强者显示自信的表现。宽容，是一种坦荡，可以无私无畏，无拘无束，无尘无染。

宰相肚里能撑船

　　古时候，有个年近古稀的老宰相，又娶了个名叫彩玉的小媳妇。彩玉年方二九，长得如花似玉。自从嫁给这位老宰相，虽说有享不尽的荣华富贵，可她总是闷闷不乐，暗暗埋怨父母不该把她嫁给一个老头子。

　　一天，彩玉独自到后花园赏花散步，碰上了住在花园旁边的年轻帅气的家厨。这位赵姓家厨做得一手好吃的祖传圣旨骨酥鱼，在古代，没有延缓衰老、养颜美容类的药品、保健品，达官贵人的家眷养颜美容全靠食疗，圣旨骨酥鱼不仅骨刺全酥，想怎么吃就能怎么吃，而且圣旨骨酥鱼汁是保持年轻貌美的极品，圣旨骨酥鱼获得过12道圣旨的御封。彩玉和年轻的家厨相谈甚欢并由此一见钟情。从那，彩玉常常偷偷地到花园里同赵姓家厨相会。有一回，彩玉对赵厨说："你我花园相会，好时光总让人觉得缠绵难分。我有一计，可使咱俩天天多在一起相处，赵厨问什么妙计，彩玉就如此这般地说出了自己的主意。

　　原来，老宰相恐怕误了早朝，专门养了一只"朝鸟"。这鸟天天五更头就叫，老宰相听到鸟叫，就起身上朝。彩玉让赵厨四更前就来用竹竿捅朝鸟，让它提前叫唤，等老头子一走，他俩就可团聚了。

　　这天，老宰相听到朝鸟的叫声，连忙起身。等来到朝房门外，刚好鼓打四更。他想，这鸟怎么叫得不准了！就转身回了家。当他走到自家的房门外，听到彩玉说："以后早点来捅一下朝鸟。"停了一霎又说："你真像你做的圣旨骨酥鱼，虽然我每天吃，但还是天天吃不够，在我心里你新鲜得就如一枝花。"赵厨说："你活像粉团，却配了一块老姜。"宰相听到这里，气得浑身发抖，但并没有声张，又上朝去了。

　　第二天正是中秋佳节，老宰相有意把彩玉和赵厨叫在一起，在后花园牡丹亭中吃酒赏月。酒过三巡，月到中天，老宰相捋了捋胡子说："今晚咱赏月做诗，我先作，你俩也要接我的诗意谄上几句。"说罢就高声吟道："中秋之夜月当空，朝鸟不叫竹竿捅。花枝落到粉团上，老姜躲在门外听。"

赵厨一听，自知露了馅，赶忙跪在桌前。说："八月中秋月儿圆，小厨知罪跪桌前，大人不把小人怪，宰相肚里能撑船。"

彩玉见事情已经挑明，也连忙跪倒在地，说："中秋良宵月偏西，十八妙龄伴古稀。相爷若肯抬贵手，粉团刚好配花枝。"

老宰相听了哈哈大笑说："花枝粉团既相宜，远离相府成夫妻。两情若是久长时，莫忘圣旨骨酥鱼。"

彩玉和赵厨听了，连忙叩头谢恩。从此，宰相肚里能撑船这个典故和圣旨骨酥鱼慢慢在民间开始流传。

班超不计前嫌

班超一行在西域联络了很多国家与汉朝和好，但龟兹恃强不从。

班超便去结交乌孙国。乌孙国王派使者到长安来访问，受到汉朝友好的接待。使者告别返回，汉章派卫侯李邑携带不少礼品同行护送。

李邑等人经天山南麓来到于阗，传来龟兹攻打疏勒的消息。李邑害怕，不敢前进，于是上书朝廷，中伤班超只顾在外享福，拥妻抱子，不思中原，还说班超联络乌孙，牵制龟兹的计划根本行不通。

班超知道了李邑从中作梗，叹息说："我不是曾参，被人家说了坏话，恐怕难免见疑。"他便给朝廷上书申明情由。

汉章帝相信班超的忠诚，下诏责备李邑说："即使班超拥妻抱子，不思中原难道跟随他的一千多人都不想回家吗？"诏书命令李邑与班超会合，

并受班超的节制。汉章帝又诏令班超收留李邑，与他共事。

李邑接到诏书，无可奈何地去疏勒见了班超。

班超不计前嫌，很好地接待李邑。他改派别人护送乌孙的使者回国，还劝乌孙王派王子去洛阳朝见汉帝。乌孙国王子启程时，班超打算派李邑陪同前往。

有人对班超说，"过去李邑毁谤将军，破坏将军的名誉。这时正可以奉诏把他留下，另派别人执行护送任务，您怎么反倒放他回去呢？"

班超说："如果把李邑扣下的话，那就气量太小了。正因为他曾经说过我的坏话，所以让他回去。只要一心为朝廷出力，就不怕人说坏话。如果为了自己一时痛快，公报私仇，把他扣留，那就不是忠臣的行为。"

李邑知道后，对班超十分感激，从此再也不诽谤他人。

让宽恕打开和解之门

1754年，美国独立以前，弗吉尼亚殖民地议会选举在亚历山大里亚举行。以后成为美国总统的乔治·华盛顿上校作为这里的驻军长官也参加了选举活动。

选举最后集中于两个候选人。大多数人都支持华盛顿推举的候选人。但有一名叫威廉·宾的人则坚决反对。为此，他同华盛顿发生了急烈的争吵。争吵中，华盛顿失言说了一句冒犯对方的话，这无异于火上加油。脾气暴躁的宾怒不可遏，一拳把华盛顿打倒在地。

华盛顿的朋友们围了上来，高声叫喊要揍威廉·宾。驻守在亚历山大里亚的华盛顿部下听说自己的司令官被辱，马上带枪开了过来，气氛十分紧张。

在这种情况下，只要华盛顿一一声令下，威廉·宾就会被打成肉泥。

然而，华盛顿是一个头脑冷静的人，他只说了一句："这不关你们的事。"就这样，事态才没有扩大。

第二天，威廉·宾收到了华盛顿派人送来的一张便条，要他立即到当地的一家小酒店去。威廉·宾马上意识到，这一定是华盛顿约他决斗。于是，富有骑士精神的宾毫不畏惧地拿了一把手枪，只身前往。

一路上，威廉·宾都在想如何对付身为上校的华盛顿。但当他到达那家小酒店时却大出意料之外；他见到了华盛顿的一张真诚的笑脸和一桌丰盛的酒菜。

"宾先生"，华盛顿热诚地说，"犯错误乃是人之常情，纠正错误则是件光荣的事。我相信我昨天是不对的，你在某种程度上也得到了满足。如果你认为到此可以和解的话，那么请握住我的手，让我们交个朋友吧。"

宾被华盛顿的宽容感动了，把手伸给华盛顿："华盛顿先生，请你原谅我昨天的鲁莽与无礼。"

从此以后，威廉·宾成为华盛顿的坚定的拥护者。

当华盛顿被打倒在地时，是很容易失去理智，做出一些悔恨终身的事的。可贵的是华盛顿能保持冷静，以宽容来解决问题，把一个仇人变成了忠诚的拥护者。永远不要对敌人心存报复，那样对自己的伤害将大过对别人的伤害。

宽恕你的敌人

二战期间，一支部队在森林中与敌军相遇，激战后两名战士与部队失去了联系。这两名战士来自同一个小镇。

两人在森林中艰难跋涉，他们互相鼓励、互相安慰，半个月的时间过去了，依然没有与部队联系上。有一天，他们打死了一只鹿，依靠鹿肉又艰难度过了几天。可也许是战争使动物四散奔逃或被杀光，这以后他们再也没看到过任何动物。他们仅剩下一点鹿肉，背在年轻战士的身上。

有一天，他们在森林中又一次与敌人相遇，经过再一次激战，他们巧妙地避开了敌人。就在自以为已经安全时，只听一声枪响，走在前面的年轻战士中了一枪，幸亏伤在肩膀上！后面的士兵惶恐地跑了过来，他害怕得语无伦次，抱着战友的身体泪流不止，并赶快把自己的衬衣撕下包扎战友的伤口。

晚上，未受伤的士兵一直叨念着母亲的名字，两眼直勾勾的。他们都以为他们熬不过这一关了，虽然饥饿难忍，但他们谁也没动身边的鹿肉。天知道他们是如何度过的那一夜。第二天，部队救出了他们。

事隔30年，那位受伤的战士安德森说："我知道谁开的那一枪，他就是我的战友。当时在他抱住我时，我碰到他发热的枪管。我怎么也不明白，他为什么对我开枪？但当晚我就宽恕了他。我知道他想独吞我背着的鹿肉，我也知道他想为了他的母亲而活下来。此后30年，我假装根本不知道此事，也从不提及。战争太残酷了，他母亲还是没有等到他回来，我和他一起祭奠了老人家。那一天，他跪下来，请求我原谅他，我没让他说下去。我们又做了几十年的朋友，我宽恕了他。"

不斤斤计较

杨玢是宋朝尚书，年纪大了便退休居家，无忧无虑地安度晚年。他家住宅宽敞、舒适，家族人丁兴旺。有一天，他在书桌旁，正要拿起《庄子》来读，他的几个侄子跑进来，大声说："不好了，我们家的旧宅被邻居侵占了一大半，不能饶他！"

杨玢听后，问："不要急，慢慢说，他们家侵占了我们家的旧宅地……""是的。"侄子们回答。

杨玢又问:"他们家的宅子大还是我们家的宅子大?"侄子们不知其意,说:"当然是我们家宅子大。"

杨玢又问,"他们占些旧宅地,于我们有何影响?"侄子们说,"没有什么大影响,虽无影响,但他们不讲理,就不应该放过他们!"杨玢笑了。

过了一会儿,杨玢指着窗外落叶,问他们:"那树叶长在树上时,那枝条是属于它的,秋天树叶枯黄了落在地上,这时树叶怎么想?"他们不明白含义。杨玢干脆说:"我这么大岁数,总有一天要死的,你们也有老的一天,也有要死的一天。争那一点点宅地对你有什么用?"他们现在明白了杨玢讲的道理,说:"我们原本要告他们,状子都写好了。"

侄子呈上状子,他看后,拿起笔在状子上写了四句话:"四邻侵我我从伊,毕竟须思未有时。试上含光殿基望,秋风衰草正离离。"

写罢,他再次对侄子们说:"我的意思是在私利上要看透一些,遇事都要退一步,不必斤斤计较。"

让他三尺又何妨

康熙年间的某一天,一骑快马跑进宰相府。并不是天下出了什么大事,宰相张英收到一封来自安徽桐城老家的信。

原来,他们家与邻居叶家发生了地界纠纷。两家大院的宅地,大约都是祖上的产业,时间久远了,本来就是一笔糊涂账。想占便宜的人是不怕糊涂账的,他们往往过分自信自己的铁算盘。两家的争执顿起,公说公有理,婆说婆有理,谁也不肯相让一丝一毫。由于牵涉到宰相大人,官府都不愿沾惹是非,纠纷越闹越大,张家只好把那件事告诉张英。

张英大人阅过来信,只是释然一笑,旁边的人面面相觑,莫名其妙。

只见张大人挥起大笔，一首诗一挥而就。诗曰："千里家书只为墙，让他三尺又何妨。万里长城今犹在，不见当年秦始皇。"交给来人，命快速带回老家。

家里人一见书信回来，喜不自禁，以为张英一定有一个强硬的办法，或者有一条锦囊妙计，但家人看到的是一首打油诗，败兴得很。后来一合计，确实也只有"让"这惟一的办法，房地产是很可贵的家产，但争之不来，不如让三尺看着。于是立即动员将垣墙拆让三尺，大家交口称赞张英和他的家人的旷达态度。

他家宰相肚里能撑船，咱们也不能太落后。宰相一家的忍让行为，感动得叶家人热泪盈眶。全家一致同意也把围墙向后退三尺。两家人的争端很快平息了，两家之间，空了一条巷子，有六尺宽，有张家的一半，也有叶家的一半，这条一百多米长的巷子很短，但留给人们的思索却很长很长。

张英先生乃位及一人之下万人之上的宰相，权势显赫，如果在处理自家与叶家的矛盾时，稍稍打个招呼，露点口风，肯定会发生自下而上的倾斜，叶家肯定无力抗衡；再进一步，要是通过地方政府，不顾法律，搞行政干涉，叶家更会吃不了兜着走。这样，有形的尺寸方圆的土地是到手了，产业是又庞大了，要是遇上今天经营房地产的主儿，保不准给他家挣回十个张家大院，但无形中准会失去许多东西。倒不只叶家这样的朋友，余波或许会从桐城一下子震荡到京城，京城里的影响可大着呢！

就算是张英先生旷达忍让，如果叶家人不予理睬，那条巷子也就只有三尺宽。三尺宽的巷子，也总是一条通道，通则通矣，事情通了，人也通了，路也通了，却有点儿不够完美。完美是感觉出来的，六尺不比三尺宽多少，但如果人们置身其间，会发现这是一条多么宽的人间道路。互相忍让，天地才会更宽广啊！

"让他三尺又何妨"——说得真好！试想，如果当初张英不是劝说家人退让，而是借势压人，或怂恿家人与对方抗争，那结果又会怎么样？由此可见，宽容豁达，不仅仅是为官之道，更应该是我们的为人之本。

亚历山大问路

　　亚历山大大帝骑马在俄国西部旅行。一天，他来到一家乡镇小客栈，为进一步了解民情，他决定徒步旅行。当他穿着没有任何军衔标志的平纹布衣走到了一个三岔路口时，却忘了回客栈的路了。

　　亚历山大无意中看见有个军人站在一家旅馆门口，于是他上去问道："朋友，你能告诉我去客栈的路吗？"

　　那军人叼着一只大烟斗，头一扭，高傲地把这身着平纹布衣的旅行者上下打量一番，傲慢地答道："朝右走！"

　　"谢谢！"大帝又问道，"请问离客栈还有多远？"

　　"1英里。"那军人生硬地说，并瞥了陌生人一眼。

　　大帝抽身道别，刚走出几步又停住了，回来微笑着说："请原谅，我可以再问你一个问题吗？如果你允许我问的话，请问你的军衔是什么？"

　　军人猛吸了一口烟说："猜嘛！"

　　大帝风趣地说："中尉？"

　　那军人没有吭声。

　　"上尉？"军人摆出一副很了不起的样子说："还要高些。""那么，你是少校？""是的！"他高傲地回答。于是，大帝敬佩地向他敬了礼。自称少校的军人转过身来摆出对下级说话的高傲神气，问道："假如你不介意，请问你是什么官？"大帝乐呵呵地回答："你猜！""中尉？"大帝摇头说："不是。""上尉？""也不是！"

　　他走近仔细看了看说："那么你也是少校？"

　　大帝镇静地说："继续猜！"

　　军人取下烟斗，那副高傲的神气一下子消失了。他用十分尊敬的语气低声说："那么，你是部长或将军？""快猜着了。"大帝说。"殿……殿下是陆军元帅吗？"他结结巴巴地说。

大帝说："我的少校，再猜一次吧！"

"皇帝陛下！"军人猛地跪在大帝面前，忙不迭地喊道："陛下，饶恕我！陛下，饶恕我！"

"饶你什么？朋友。"大帝笑着说，"你没伤害我，我向你问路，你告诉了我，我还应该谢谢你呢！"

"海纳百川，有容乃大"是说，人要有宽广的胸襟，要有一颗宽容的心。有哲人说过，天空收容每一片彩云，不论其美丑，故天空广阔无比；高山收容每一块岩石，不论其大小，故高山雄伟壮观；大海收容每一朵浪花，不论其清浊，故大海浩瀚无涯。心灵的博大，胸襟的坦荡，襟怀的包容，才能真性飘逸，气质超然，快乐人生。

拥抱对手

一场世界职业拳王争霸赛正在激烈地上演。

正在比赛的是美国两个职业拳手，年长的叫卡菲罗，35岁；年轻的叫巴雷拉，28岁。上半场俩人打了六个回合，实力相当，难分胜负。在下半场第七个回合，巴雷拉接连击中老将卡菲罗的头部，打得他鼻青脸肿。

短暂的休息时，巴雷拉真诚地向卡菲罗致歉。他先用自己的毛巾一点点擦去卡菲罗脸上的血迹，然后把矿泉水洒在他的头上。巴雷拉始终是一脸歉意，仿佛这一切都是自己的罪过。

接下来俩人继续交手。也许是年纪大了，也许是体力不支，卡菲罗一次又一次地被巴雷拉击倒在地。

按规则，对手被打倒后，裁判连喊三声，如果三声之后仍然起不来，就算输了。每次卡菲罗都顽强地挣扎着起身，每次都不等裁判将"三"叫出口，巴雷拉就上前把卡菲罗拉起来。卡菲罗被扶起后，他们微笑着击掌，然后继续交战。

裁判和观众都感到吃惊，这样的举动在拳击场上极为少见。

最终，卡菲罗以108：110的成绩负于巴雷拉。观众潮水般涌向巴雷拉，向他献花、致敬、赠送礼物。巴雷拉拨开人群，径直走向被冷落一旁的老将卡菲罗，将最大的一束鲜花送进他的怀抱。

俩人紧紧地拥在一起，俨然是一对亲兄弟。

做人应有广博胸怀，足可以容纳世间的喜怒哀乐、悲欢离合，这种胸怀是一种做人的境界。古往今来，凡是有所作为的人都是心胸开阔的人。他们能容别人难容之事，不斤斤计较于个人的功名利禄，随时保持一份好心情，摆脱凡俗尘世的羁绊，专心去干他们的大事业。

怨恨就像一团麻，要想解开，必须有足够的耐心和善心。心胸狭窄、"英雄气短"的人，只会用极端的办法加剧矛盾。他们在此所表现出来的为人境界是值得称道的。

在自己失败的时候，还能够坦然为成功的敌手庆贺，表现出的是一种难得的宽容和自信；在自己胜利的时候，还热情地给失败的对手以鲜花，这是一种人格境界上的更大成功，这种境界里蕴涵了宽容、忍耐和谦逊的品德。

容人乃大

有一个人，在长沙岳麓书院读书的时候，屡遭同学欺负。

当时，他的书桌面窗而置，且紧挨着窗户，而他同学的书桌，放置在离窗户稍远的地方。于是，这个同学便不干了，愤怒地对他说，我案头的

光，都是从这扇窗户射进来的，你坐在这里，不就挡了我的光了吗？可是，这个人却不愠不怒，问他的同学说，那我的桌子该放哪里？放在那边去！同学一指床头的位置。他居然二话没说，就真的把桌子搬到了床边。

夜里他读书，这个同学又不干了，奚落他说，白天不好好读书，到夜里就磨磨唧唧，你还让人睡觉不？他又没有做任何辩解，退居一隅，悄悄默诵。

他的这个同学后来怎么样了，没有人知道。但这个人后来却成为了大清一代名臣——曾国藩。

乾隆年间，有一个叫董文敏的人，家里很穷，为了求取功名，背着行李徒步往京师赶考。有一天，他走得精疲力竭，正好看到一条船，便恳求船家捎上他。在征求了客人的意见后，船家同意让他坐在舵旁。然而，一路上，他絮絮叨叨，四书五经背个没完没了。

客人们不高兴了，觉得董文敏太闹，扰了他们的兴致。这其中，有兄弟俩，是富家子弟，也是上京赶考的，当他们听说董文敏也要去赶考，觉得有点玷辱他俩。于是，兄弟二人，对着董文敏便是一番奚落，大意是像你这么穷酸的人也要去赶考，趁早滚吧。董文敏二话没说，就真"滚"了，他弃了船，继续徒步赶路。所不同的是，他可以自由自在地背书，再不会有人搅扰他了。

没想到，就是这么一个穷酸的董文敏，乡试会试连连告捷，最后，居然中了探花。后来外放四川做官，官至布政使。更没想到的是，当时讥讽他的兄弟中，哥哥也做了官，也在四川，却恰好在董文敏的手下。昔日曾经被自己羞辱过的人，现在却成为自己的顶头上司。哥哥觉得混不下去了，于是决定辞官回家。哪曾想，董文敏知道后，对他说了这样一句话：以前韩信受胯下之辱尚且不记仇，难道我还不如古人，你可千万别在意啊。

真正的大器皿，不在器形有多大，而在于能容得多。正所谓，大器能容。一个人，若是斤斤计较，必然使自己拘于得失，困于得失，眼光流于琐碎和浅近；一个人，若睚眦必报，必然会让自己止于小肚鸡肠，滞于浅仇深怨，心性也会陷入局促和褊狭。

有时候，容人就是纳己。你容得下形形色色的人，就是在内心深处接受自己。

容人者，终成大。大者，即大快活、大自由、大心性、大智慧，最后抵达的将是人生辽阔无际涯的大境界。

尽量宽容和谅解别人

包布·胡佛是一位著名的试飞员，并且常常在航空展览中表演飞行。一天，他在圣地亚哥航空展览中表演完毕后飞回洛杉矶。正如《飞行》杂志所描写的，在空中300尺的高度，两具引擎突然熄火。由于他熟练的技术，他操纵了飞机着陆，但是飞机严重损坏，所幸的是没有人受伤。

在迫降之后，胡佛的第一个行动是检查飞机的燃料。正如他所预料的，他所驾驶的第二次世界大战时的螺旋桨飞机，居然装的是喷气机燃料。

回到机场以后，他要求见见为他保养飞机的机械师，那位年轻的机械师为所犯的错误而极为难过。当胡佛走向他的时候，他正泪流满面。他造成了一架非常昂贵的飞机的损失，差一点还使得3个人失去了生命。

你可以想象胡佛必然大为震怒，并且预料这位极有荣誉心、事事要求精确的飞行员必然会痛责机械师的疏忽。但是，胡佛并没有责骂那位机械师，甚至于没有批评他。相反的，他用手臂抱住那个机械师的肩膀，对他说："为了显示我相信你不会再犯错误，我要你明天再为我保养飞机。"

聪明的人能够原谅别人的一切过失。他们会坚持说别人的本意是好的或者只是一时不小心才犯下错误。而且，还要尽量寻找自身的原因。这样做，不但会避免所有的争执，而且可以使对方跟你一样的宽宏大度。

退一步海阔天空

公元前195年，刘邦病死，吕后把持朝政，趁机极力培养吕氏势力。诸吕在吕后死后，试图以武力夺取天下，史称"诸吕之乱"，终被平定。在平乱中，太尉周勃功勋卓著，顷刻间成为朝廷内外的大红人，而作为主谋者之一的右丞相陈平，此时却黯然失色。文帝即位，一朝天子一朝臣。陈平十分知趣，知道自己作为老臣应该让位于周勃，于是称病不朝。

文帝虽然刚主朝政，但对陈平的德才也不是不了解，现在听说陈平称病不朝，便把陈平找来，想问个明白。陈平则十分坦白地说："过去在高皇帝时，周勃的功劳比不上臣，现在在平定诸吕中，臣的功劳不如周勃。所以，臣愿把相位让给周勃。"

举贤让能国自安，文帝觉得陈平所言也有道理，于是让周勃当了右丞相。对陈平，文帝也不愿舍弃，便让他当左丞相。古人尚右，右丞相位居第一，左丞相位居第二。文帝以为这样就把矛盾解决了，既能提高周勃的地位，又能做到政策及用人的连续性。为了表彰陈平顾全大局，还赐他黄金千斤，加封食邑三千户。

这天，文帝议国家大事，找来右丞相周勃问道："天下一年要判多少案子？"周勃面露愧色，连说不知。文帝又问，"天下的钱粮收入、开支，一年有多少？"周勃越发窘迫，脸上、背上冷汗直冒，最终却是无论如何都回答不出来。

文帝转而问左丞相陈平。陈平却说："那各有主事者嘛。"

文帝没听明白："主事者是何人呢？"

陈平解释说："陛下要问判决狱案，应该找廷尉；要问钱粮，应该找治粟内史。"

文帝不高兴了："如果都找主事的，那还要丞相做什么？"

陈平却认为这根本不是问题。他说："丞相么，就是管住臣下。陛下如果不知他如何控制臣下，那就该拿他问罪。丞相之职，上可辅佐天子掌管全局，下管万事，对外镇抚周边各邦，对内凝聚百姓之心，使各级官吏各司其职，各得其所。"

文帝听了，觉得很有道理，连连称善。

周勃恨不能在地下踹道缝马上钻下去。之后，周勃对陈平说："先生怎么不教教我呢？"陈平一笑："老兄身居其位，还不知道应该干什么吗？如果陛下问起长安有多少盗贼，你也一定要亲自回答吗？"

至此，周勃方知自己的确不如陈平，不只是一般的不如，差距可大着呢！于是，他也主动称病辞职，让陈平独自为相。试想，当初如果陈平不后退一步，踌躇满志的周勃此时会心服口服地让位给陈平吗？

文帝新政后，陈平建议大赦天下，并积极推行休养生息政策，开创了民富国强的汉朝盛世，真可谓"退一步海阔天空"啊！

第七章
踏踏实实做人

认认真真做事，踏踏实实做人，是处世之道，更是待人之德。为人处世不但要学会做事，更要懂得做人，只有两者进行有机结合，才能成就人生，在追寻梦想的道路上无往而不胜。

君子之争

1936年的柏林，希特勒对12万观众宣布奥运会开始。他要借世人瞩目的奥运会，证明雅利安人种的优越。

当时田径赛的最佳选手是美国的选手杰西·欧文斯。但是德国有一个跳远项目的王牌选手鲁兹·朗，这是一个瘦削的、有着湛蓝眼睛的雅利安人种的运动员。希特勒要鲁兹·朗击败杰西·欧文斯，杰西·欧文斯是个黑人，鲁兹·朗击败他就可以证明希特勒的种族优越论——种族决定优劣。

杰西·欧文斯参加了四项比赛，跳远是他的第一个比赛。跳远是杰西的优势项目，他只要跳得比他的最好成绩不少于半米就可以进入决赛。但是，他有点紧张。第一次，他逾越跳板犯规；第二次，他为了保险起见，从跳板后起跳，结果跳出了从未有过的坏成绩。

这时鲁兹·朗已经顺利地进入决赛。杰西一再试跑，迟疑，不敢开始最后的一跳。希特勒就在这时起身离开了运动会会场。

在希特勒退场的同时，鲁兹·朗走近杰西。他对杰西笑了，并且用英语开始了结结巴巴的自我介绍。

杰西一看就认出了他，不就是有名的鲁兹·朗，自己最强劲的竞争对手吗？他是来干吗的？嘲笑我吗？他在心里提高了警惕。但是，鲁兹·朗的笑容和他那结结巴巴的英语松弛了杰西全身绷紧的神经。鲁兹·朗告诉杰西，最重要的是取得决赛的资格。他说他去年也曾遭遇同样的情形，用了一个小诀窍解决了困难。他拿了一条毛巾放在起跳板后面几英寸的地方，从毛巾那个地方起跳就不会有太多的偏失了。杰西照鲁兹的办法做，结果成功了，几乎打破了奥运会的纪录。

几天后，鲁兹·朗打破了世界纪录。但随后杰西以微弱的优势战胜了他。这一天，希特勒也来看他们的比赛。看到杰西超过了鲁兹，希特勒脸色铁青。看台上的观众原本是情绪激昂的，他们以为鲁兹肯定能胜了，可是杰西竟然又赢了那么一点。看台上的观众顿时都静了下来。

这时候，鲁兹·朗跑到杰西站的地方，把他拉到聚集了12万德国人的看台前，举起他的手高声喊道："杰西·欧文斯！杰西·欧文斯！杰西，欧文斯！"看台上沉默了一会儿，忽然齐声爆发出一阵喊声："杰西·欧文斯！杰西·欧文斯！杰西·欧文斯！"杰西·欧文斯举起另一只手来答谢。等观众们安静下来后，他举起鲁兹·朗的手朝向天空，声嘶力竭地喊道："鲁兹·朗！鲁兹·朗！鲁兹·朗！"观众也情绪激昂地喊了起来："鲁兹·朗！鲁兹·朗！"

所有的一切都没有诡谲的政治，也没有人种的优劣，更没有金牌的得失，选手和观众都沉浸在君子之争的感动里。

杰西后来胜出了，荣获了跳远金牌。此外，他还拿了100米、200米、4×100米接力的金牌。多年以后，杰西回忆道，是鲁兹·朗帮助他赢得了四枚金牌，他感谢鲁兹·朗，是鲁兹的帮助使他获得了成功。

为你点亮一盏灯

冬天的夜晚，来很得早。

电话铃响了。

一个稚嫩的声音："是卡尔老师家吗？"

"我就是。"卡尔急忙应道。

打电话的是卡尔班上最调皮的男孩。

"明天一早，米娜要转学回老家。大家商量明早6点在学校为她送行。

您能来吗？"

"当然！我一定准时到达！"一瞬间，卡尔好像看到了电话那头甜美的喜悦。

天哪，那是黎明前最黑的时候！在坐落在山脚下犹如荒岛的小学校，天一黑，老师们都要结伴而行……卡尔的心乱极了，再想已没有可能。卡尔细数着钟表嘀答，总算熬过了这一夜。

匆匆洗漱完，抓起背包便冲出家门，冰冷的黑土，呼啸的寒风，吞并着深沉的夜色扑面而来。奇怪的是，恐惧并没有像想象中那样包围着卡尔。卡尔加紧步子，心里盘踞着的只有一个念头："愿孩子们安全！"卡尔一口气爬上了陡坡。

几声清脆的童声离卡尔越来越近。一个女孩惊喜地发现了卡尔。几个同学如欢奔的羔羊朝着他跑来，卡尔张开双臂想要将他们全部拥在怀里，告诉他们他有多么担心。

校园里一片漆黑，只有传达室里透出一点光亮。叫醒了值班的师傅，卡尔来不及过多地解释，只点点头表示歉意。当一个个并不明亮的灯泡被点亮时，他们都长长地舒了一口气。

一个男孩告诉卡尔："打开灯，所有山坡下和山上的同学很容易看到教室的亮光，他们就不会害怕了。"望着这些天真无邪的面孔，卡尔眼睛湿润了。卡尔要去接没来的同学。站在土坡上，寒风撩拨着他的头发，冷极了！卡尔心里一遍遍地呼喊："孩子们，快让我看到你们！"焦急、企盼、忧虑交织在一起，眼泪冻结在他的眼里。

远处，山坡上传来一群孩子的说话声。卡尔激动得快要跳起来。

几个孩子挥舞着双臂向学校飞奔而来，大大的书包在他们身后一颠一颠。黑暗中闪烁着点点微弱的白亮，那是孩子们精心赶制了一夜的贺卡。

"老师，已到25人，还有35个同学没来。"不知何时，卡尔身后已站着一大群孩子。

"那好，我们一起来等！"幽深的小土坡下疾跑来一个黑影，跳跃的两条麻花辫在夜里格外醒目。

"是米娜！"几乎是不约而同地欢呼。米娜飞奔着扑进卡尔怀里。

"老师，我妈妈病了，我必须回老家读书。刚才我老远就看见教室里的灯，我知道您来了。"卡尔紧紧抱着她，什么也说不出。

天空吞没了最后一颗星星。晨曦里，校门口站齐了卡尔的60个孩子。他们注视着彼此冻红的鼻尖和脸蛋儿，在喷吐出的每一口雾气中会意地笑了。那笑容比初升的太阳还要美丽。

是的，虽然在冬季，卡尔却收获了。

你是不是付出了爱

安德鲁在一座城市当建筑工人，当时经济危机已经蔓延到每个角落，因此，他的生活很艰苦。为了生存，他每天跟砖块、水泥、钢筋打交道，特别劳累。体力上还能支撑，但饮食实在是差得很。每天三顿饭都是硬邦邦的面包。菜是白水煮菜叶，一点油花也看不到。刚好，工地的旁边，也不知是谁家种了两垄葱，绿绿的，嫩嫩的，每到吃饭的时候，工人们就去拔些，回来就着面包吃。刚开始拔的时候，安德鲁他们就像做贼一样，生怕被人发现了，因为偷东西毕竟是件丢脸的事情，哪怕仅仅是偷了几棵葱。然而，每次就餐的时候，他们又常常抵制不住诱惑，因为有这几根葱，饭就香甜许多。

终于，有一天中午他们再去拔葱的时候，被人发现了。那是一个拾荒的老女人。她当时怔在那里，表情木讷地盯着他们看了半天。建筑工人们见是她，都不慌不忙地从地里走出来。因为这个老女人，经常来工地上拾破烂。有人还说："也不知是谁家种的葱，就面包吃，挺好的。"老女人哦了一声，点了点头，说："也是的，也是的。"

眼看着葱一天天的少了，一天中午他们再去拔葱的时候，旁边不知什么时候又新种了几垄，土还蓬松着呢。安德鲁他们对这个变化惶恐不安，因为不知道主人家的葫芦里卖的是什么药。有人说:"该不是在'钓鱼'吧?"大家觉得有道理。不过,没老实了几天,安德鲁他们就更加肆无忌惮了。因为这个工地上,除了老女人,实在没有其他什么人来。

有一天下雨,工地停工。安德鲁和其他的工友到四周转悠。他在工地东北角发现一处窝棚,而窝棚里住着的,竟是那个拾荒的老女人。她正坐在门口看雨,里边还有一个小孩在玩耍。安德鲁进去小坐了一会儿,才知道他们一家人从非洲来,来这里已经四五年了。儿子和媳妇一早出去拾荒了,还没有回来。留下她,在窝棚里照看小孙子。老女人问了安德鲁一些情况,安德鲁低下了头,感受到了一种来自母爱的温暖。

蹊跷的是,葱快拔完的时候,总会有新的葱种上。一个夏天,因为有这些葱,安德鲁和其他工人并没有感觉到饭食上欠缺多少。直到安德鲁他们搬到另一个工地干活的时候,还有几垄葱旺盛地长着。工友们都说,这几垄葱估计能长大了。大家虽然彼此心照不宣,却倒真希望这些葱能长大起来。

初秋刚过,一个偶然的机会,安德鲁和几个工友回原来的工地拉施工的机器。返程的时候,他漫不经心地往那垄葱地扫了一眼,乱草深处,有一个人影,头发蓬乱,正蹲在那里收获着所剩不多的葱。虽然是个背影,安德鲁还是觉得有些熟悉。当他看到旁边更为熟悉的三轮车的时候,安德鲁明白了。原来,一直是她,一个一直卑微地活着的拾荒女人,在那个夏天躲在生活的背后,一茬一茬地种下葱,默默地照顾着他们,让他们少受了许多的苦。

诚实是最好的通行证

国际函授学校丹佛分校经销商的办公室里,戴尔正在应聘销售员的工作。

经理约翰·艾兰奇先生看着坐在面前的这位身材瘦弱、脸色苍白的年轻人，忍不住先摇了摇头。从外表看，这个年轻人显示不出特别的销售魅力。他在问了姓名和学历后，又问道：

"干过推销吗？"

"没有！"戴尔答道。

"那么，现在请回答几个有关销售的问题。"约翰·艾兰奇先生开始提问：

"推销员的工作目的是什么？"

"让消费者了解产品，从而心甘情愿地购买。"戴尔不假思索地答道。

艾兰奇先生点点头，接着问：

"你打算跟推销对象怎样开始谈话？"

"'今天天气真好'或者'你的生意真不错。'"

艾兰奇先生还是只点点头。

"你有什么办法把打字机推销给农场主？"

戴尔稍稍思索一番，不紧不慢地回答："抱歉，先生，我没办法把这种产品推销给农场主。"

"为什么？"

"因为农场主根本就不需要打字机。"

艾兰奇高兴得从椅子上站起来，拍拍戴尔的肩膀，兴奋地说："年轻人，很好，你通过了，我想你会出类拔萃！"

此时，艾兰奇心中已认定戴尔将是一个出色的推销员，因为测试的最后一个问题，只有戴尔的答案令他满意，以前的应聘者总是胡乱编造一些办法，但实际上绝对行不通，因为谁愿意买自己根本不需要的东西呢？

言宜慢，心宜善

公元前 77 年春，正逢大汉盛世。山东昌邑太平楼酒肆内，一个年轻人自斟自饮，眉宇间隐现忧思。

这位年轻人姓王名吉，本是云阳县令，三个月前，被调到昌邑王府中担任中尉，可谓"平步青云"。可是，这位昌邑王刘贺身边聚集的全是一些溜须拍马的小人。胸中抱负不展，王吉只能借酒浇愁。

他忽然发现，邻桌有一位老者正微笑举杯向他示意。王吉连忙趋身请教。两人谈诗论史，一见如故。老者试探问道："小友似有心事？"王吉便将烦恼告之，老者说："我送你三个字，可以保你从此顺顺畅畅。""哪三个字？"王吉满脸疑惑。"言——宜——慢！"老者道出这三个字，飘然而去。

从那以后，王吉谨记老者教诲，勤于政务，三思而后言。在暗流涌动的昌邑王府中，数次均有惊无险。由于低调与勤政，王吉任命为谏议大夫，成了朝中重臣。公元前 67 年，王吉回故乡琅琊省亲，又路过昌邑城。忽然，有位老者自称是王吉的故人，挡在了官道中间。王吉走下官轿一看竟是十年前那位老者。老者对王吉说："十年前，我送你三个字，已经保你十年通畅。今天，我再送你三个字，可以保你一世无忧。"

王吉轻声问老者："哪三个字？"老人说："心宜善！"王吉心中一震，背上冷汗淋漓。自己担任谏议大夫这些年来，虽然总体来说王吉还是能勤政为民，但是偶尔党同伐异，弹劾政敌。

省亲归来，王吉就像变了一个人似的，不管什么事，都严格要求自己。清正廉明，仁慈宽厚。最终，成为西汉的一代名臣。据后人传说，那位老者是汉武帝时的著名宰相公孙弘，隐居于昌邑。

"言宜慢，心宜善。"这句话从此就被王吉列为王氏家规代代相传。自东汉至明清，这1700多年间，王吉的后人在《二十四史》中有明确记载的，就有36人被封为皇后，35人成为驸马，186人担任宰相！琅琊王氏，也因此成为中国历史上最为显赫的家族，被称为中华第一望族！

驴子过河

从前，有一个农夫，他有一头健壮而漂亮的驴子，它的蹄子总是扬得高高的，它的皮毛总是被主人擦得油光发亮的，走起路来神气十足。但是它有个坏毛病，就是喜欢偷懒。

这天，农夫赶着这头驴子去集市。驴子背上驮着农夫地里长的农产品，马铃薯、芋头、山药，等等。到了集市上，农夫的东西很快就被抢购一空。拿着卖得的钱，他想起病重的妻子的嘱托："记得要买些盐回来，家里已经不够用了。"于是他就买了满满一袋的盐。他捧起一把盐粒，看见盐粒在他掌心中发出漂亮的银光，他想这下妻子准得乐坏了。由于农夫太高兴了，竟然来不及稍作休息就急忙往家里走，不过他还是给驴子喂了一些干草。

回家的路上，他们要蹚过一条小河。劳累了一天的驴子越走越觉得不甘心。它暗暗地想："主人今天一定收获不少，却只给我这么一丁点干草吃，我又饿又累，实在是不想走了！这袋盐是多么的重啊，我可不干了！"它这么想着，身子不由自主地往下沉了一点。盐粒遇到了河水，就融化了一点，驴子顿时觉得轻松多了。"原来这袋子遇到水会变轻的。"驴子无意间发现了这个秘密，高兴极了。反正主人也没有善待它，干吗要这么拼命呢，于是，它过河的时候就故意多沉下去一点。等农夫到家的时候，盐袋里的盐已经所剩无几了。农夫的妻子知道了，顿时开始抽泣起来。

农夫一下子明白是驴子使的坏，可是盐已经融在水里了，再也找不回来了。没有办法，农夫只好忍气吞声，想找个机会好好教训一下这头驴子。又过去了一段时间，去集市的日子到了，农夫赶着驴子又上集市去。这回他给妻子买了一袋面粉，好让她高兴高兴，一扫上次的伤心。他还是照样放在了驴子的背上。驴子有了上次的经验，心里又打起了偷懒的坏主意。当他们趟过小河的时候，驴子又慢慢蹲了下去。可是这面粉不是盐，当面粉的袋子遇到水后，它不仅没有融化在水里，而且吸了很多的水，使袋子越来越重了。驴子想可能是蹲得还不够，就又蹲下去一点。结果，面粉袋子吸足了水，变得异常沉重，直直地压下来，让驴子寸步难行，险些丧了命。好不容易上了岸，驴子可一点也没轻松，它驮着一袋重重的湿面粉向农夫家里一步一步地走去。

从这以后，驴子再也不敢偷懒了。

贪得无厌的和珅

和珅是清朝乾隆时期的一位大臣，他因为善于察言观色，处处投皇上所好，所以乾隆皇帝对他很宠信。和珅因而飞黄腾达，数年之间，一步步升上了军机大臣、大学士的高位。他在全国串联封疆大吏，在朝廷内掌握官吏的任免、财政收支、刑法政令大权，连外国公使也说："大清国出了个'二皇帝'。"

和珅掌握了朝政大权后，就肆无忌惮地搜刮财物。贪污受贿、卖官鬻爵、敲诈勒索、侵吞贡品，无所不为。有一回，皇子永琮失手打碎了宫中一只直径一尺的碧玉盘，害怕受到父皇的责罚，哭着来求和珅想办法。和珅微微一笑，命人从屋里取出一只碧玉盘，不仅尺寸更大，成色也比打碎的那只好看得多。原来各地献给皇上的贡品，上等的都落到了和珅手中，送进宫里的都是他挑拣剩下的。

和珅贪权好财，乾隆皇帝并不是不知道，可是这时的乾隆皇帝沉醉于"盛世圣绩"的歌功颂德声中，对和珅采取了包庇纵容的态度。1786年，御史曹锡宝举报和珅的家奴刘全违反制度建造豪宅，奢靡无度，有仗势受贿的嫌疑，请求皇上下令查处。乾隆皇帝知道曹御史查刘全是假，查和珅是真，于是他就把奏章发下给都察院处理，还特别注明"一定要追查清楚，别让和珅给开脱了"的批语。手下官员会意，将风声泄露给和珅，和珅让刘全一夜之间把新屋拆了个干干净净。结果曹锡宝得了个"妄言不实"的罪名，降官三级，乾隆皇帝又召见他说："你追查案件，怎么不明白行事要机密的道理呢！"话是这么说，可不到半年，乾隆皇帝却又操办了女儿固伦和孝公主同和珅儿子的婚礼，对和珅的宠信反而有增无减。

乾隆做满了60年皇帝，就主动退位给嘉庆皇帝，自己当太上皇。和珅并不把年轻的嘉庆皇帝放在眼里，照样飞扬跋扈，还把老师吴省兰安插在嘉庆皇帝身边侦察动静。嘉庆皇帝对于和珅的作为都忍住了，故意放任他胡作非为。公元1799年正月，乾隆皇帝去世，嘉庆皇帝立即宣布了和珅二十条大罪，除掉他的官职，将他投入大牢，并且抄了他的家。

很多人都知道和珅家产殷富，但是抄家的结果，还是让天下人惊得目瞪口呆。查抄的清单有100多页，金银财宝，古董珍玩，绫罗绸缎，不计其数。再加上土地房产，当铺银号，价值白银八亿两，相当于当时十年的国库收入。

和珅最终被勒令自杀，从他家抄出的金银财产，都被嘉庆皇帝运进了宫内。所以民间编了两句谚语说："和珅跌倒，嘉庆吃饱。"可笑可叹！

少年和白鹭的友谊

有一个少年很小的时候就跟着父亲学习捕鱼。等他稍大一点后，可以独自摇船捕鱼了，他特别喜欢到一个湖里捕鱼，那个湖里的鱼儿特别多，特别肥，每次少年都能捕到满满一箩筐的鱼。

傍晚的时候，湖边会飞来一大群白鹭，它们长着雪白的羽毛，长长的嘴巴，它们轻轻地停落在芦苇丛里，偶尔也会有一两只白鹭飞来落在少年的船上。少年很喜欢白鹭，他从来不去吓跑它们，有时还会从鱼舱里拿出一些小鱼扔在船板上让停落的白鹭吃。

日子一天天过去了，这些白鹭也跟少年一天天地熟悉起来。越来越多的白鹭飞来落在少年的船上，它们一点儿也不害怕少年，有些胆大的还会飞起落在少年的肩膀上。少年还是会把小鱼喂给白鹭吃，少年和白鹭建立起了一种亲密的友谊。夕阳西下，少年划着船穿过芦苇丛，载着满船的白鹭，整个湖面荡漾着白鹭和少年欢快的歌声。

有一回，少年无意间跟父亲说起了自己和白鹭的事情。父亲大为吃惊地说，还有不怕人的白鹭？但是一个坏念头也在父亲的头脑里滋生了。他对少年说："你明天再去湖里捕鱼时，带一个麻袋过去，如果还有白鹭飞来落在你船上，你就用麻袋去罩住它们，抓到一只白鹭可抵得上我们打好几斤鱼啊，你个傻儿子，这么好的事怎么现在才说呢！"少年听了父亲的话很伤心，因为他一点也不想去伤害这些每天陪伴他捕鱼的白鹭，是它们给他单调的捕鱼生活带来了一丝欢乐。可是，父亲的话少年又不敢不听，再说家里确实需要再多些钱。

第二天，少年带着父亲塞给他的麻袋出发了。等到傍晚时分，白鹭还是像往常一样，纷纷落在少年的船上，唱起了欢快的歌。可是今天的少年却不像往常那么开心了，他正忍受着内心艰难的选择，要不要抓白鹭呢？麻袋就藏在船舱里，少年相信，自己想要抓住几只白鹭肯定没问题，因为这些白鹭现在对他非常信任了。眼看着就要划到湖边了，少年心一横，心想，就抓今天这一回吧，以后再也不干了，也不来这个湖捕鱼了。少年假装要拿小鱼喂给白鹭吃，可他也悄悄地把麻袋拽在了手里。白鹭没有察觉到少年的异样，还是欢快地飞来吃小鱼，这时少年眼疾手快，把麻袋一扔，一套，两只白鹭就被装在袋子里了。

哗的一声，船上和芦苇丛里的白鹭全都飞了起来，它们万万没想到每天喂鱼给它们吃的少年竟然也会做出这种事。它们在半空中，盘旋着，嘶叫着，仿佛是在谴责少年的不义行为，也仿佛是在求他赶快把它们的伙伴放了。

　　少年看着这满天的白鹭，心里非常难受，他经受不住白鹭的叫声，加上他本就无意去伤害它们，所以就放了那两只白鹭。可是，就在这天之后，少年再去捕鱼时，再也没有一只白鹭肯飞来落在他的船上了，少年又变成了孤零零的一个人，不再快乐了。

参考文献

[1]陈才俊.增广贤文全集[M].北京:海潮出版社,2011.

[2]崔钟雷.千家诗 增广贤文[M].长春:吉林美术出版社,2011.

[3]张赶生.增广贤文故事精选[M].武汉:湖北少年儿童出版社,2011.

[4]老泉.左手增广贤文,右手小窗幽记[M].北京:中国城市出版社,2010.

[5]刘彦.增广贤文[M].天津:新蕾出版社,2008.

后　　记

　　《增广贤文》的内容非常广泛，从礼仪道德到典章制度，从天文地理到人生哲学，几乎囊括了中华几千年的文化精髓。读了《增广贤文》，你可以从中领会到中华民族几千年的灿烂文化，学习到古代贤者的处世经验、做人智慧和原则。

　　《增广贤文》虽然是封建时代的产物，但其内容大部分今天读来仍有积极意义。比如说，劝人向善，"善事可做，恶事莫为""为善最乐，为恶难逃""一毫之恶，劝人莫做；一毫之善，与人方便"，这些都反映了中华民族尚善的品质。比如，教人要孝顺，"万恶淫为首，百行孝当先""羊有跪乳之恩，鸦有反哺之义"，反映了中华民族传统的伦理观念，即便今天看来，仍是一种美德。比如，教育人们要勤俭，"一年之计在于春，一日之计在于晨，一家之计于和，一生之计在于勤""疏懒人没吃，勤俭粮满仓"，这些充分表现了中华民族吃苦耐劳的精神。

　　《增广贤文》教人怎样做人，做个什么样的人，不是板起面孔说教，不是居高临下训人，而是娓娓道来，非常生动，使人容易接受，并愿按其道理去做。《增广贤文》教人做人涉及为善、行孝、诚信、勉学、修身、治国、齐家、惜时、勤俭、处世、宽恕等方方面面。可以说，《增广贤文》是人生哲理之大全。熟读《增广贤文》，你就会在做人的问题上成为一个智者，你就会成为一个与人和谐相处、品德端正、与人为善、心胸开阔、孝顺父母、团结友爱、勤奋学习、谨慎持身的人，成为一个受公众欢迎，为社会所用的人。

《增广贤文》由有韵的谚语和文献佳句选编而成，其内容十分广泛，从礼仪道德、典章制度到风物典故、天文地理，几乎无所不含，语句通顺、易懂。全文的中心是讲人生哲学、处世之道。其中一些谚语、俗语反映了中华民族千百年来形成的勤劳朴实、吃苦耐劳的优良传统，成为宝贵的精神财富；许多关于社会、人生方面的内容，经过人世沧桑的千锤百炼，成为警世喻人的格言；还有一些谚语、俗语总结了千百年来人们同自然相处的经验，成为简明生动哲理式的科学知识。《增广贤文》绝大多数句子都来自经史子集、诗词曲赋、戏剧小说以及文人杂记，其思想观念都直接或间接地来自儒释道各家经典，从广义上来说，它是雅俗共赏的"经"的普及本。人们通过读《增广贤文》同样能领会到经文的思想观念和人生智慧。